# Marília de Dirceu

COLEÇÃO A OBRA-PRIMA DE CADA AUTOR

# Marília de Dirceu

## Tomás Antônio Gonzaga

5ª EDIÇÃO

Esta edição segue a Edição Crítica de M. Rodrigues Lapa, editada pelo Ministério da Educação e Cultura — Instituto Nacional do Livro, 1957, e a numeração tradicional adotada na edição dos Clássicos Sá da Costa, de 1937.

MARTIN CLARET

DIREÇÃO
Martin Claret
PRODUÇÃO EDITORIAL
Carolina Marani Lima / Flávia P. Silva
DIAGRAMAÇÃO
Giovana G. Leonardo Fernandes
DIREÇÃO DE ARTE
José Duarte T. de Castro
CAPA
*Ilustração*: Natali777 / Shutterstock
MIOLO
*Texto de apresentação*: Jaqueline Martinho dos Santos
*Revisão*: Débora Tamayose Lopes
*Impressão e acabamento*: Renovagraf

Este livro segue o novo Acordo Ortográfico da Língua Portuguesa.

**Dados Internacionais de Catalogação na Publicação (CIP)**
**(Câmara Brasileira do Livro, SP, Brasil)**

Gonzaga, Tomás Antônio, 1744-1810.
Marília de Dirceu / Tomás Antônio Gonzaga. 5. ed. — São Paulo: Martin Claret, 2012. — (Coleção a obra-prima de cada autor; 87)

"Texto integral"
Bibliografia.
ISBN 978-85-7232-516-5

1. Poesia brasileira I. Título. II. Série.

11-10165 CDD-869.91

Índices para catálogo sistemático:

1. Poesia: Literatura brasileira 869.91

EDITORA MARTIN CLARET LTDA.
Rua Alegrete, 62 – Bairro Sumaré – CEP: 01254-010 – São Paulo – SP
Tel.: (11) 3672-8144
www.martinclaret.com.br
4ª reimpressão - 2017

# Sumário



## Marília de Dirceu

### Parte I

## Parte II

## Parte III

## Texto complementar



❖

# Apresentação

## Arcadismo

O Arcadismo, movimento artístico cujo nome deriva de uma lendária região da Grécia Antiga — a Arcádia —, ocorreu em um contexto de renovação intelectual conhecido como o Século das Luzes. O estabelecimento do método científico e a valorização da razão ganharam importância na mentalidade intelectual do século XVIII, aliviando o homem da tensão vivida durante o Barroco entre desfrutar os prazeres terrenos e viver segundo a moralidade cristã.

Também denominado Setecentismo ou Neoclassicismo, esse movimento iniciou-se na Itália, espalhando-se, pouco depois, por toda a Europa e para além dela, chegando inclusive ao Brasil. Os poetas desse período, em geral burgueses que compartilhavam dos ideais iluministas da época, buscavam exaltar a vida campestre, retomando conceitos greco-romanos, tais como: *carpe diem* — "colha o dia" —, *fugere urbem* — "fuja da cidade" — e *aurea mediocritas* — que expressa a importância de se viver uma vida mediana em relação aos bens materiais, porém rica em realizações espirituais. Assim, é típica a visão do campo como cenário para o desenvolvimento de amores cândidos entre um pastor e sua pastora; a poesia árcade tem como tema a exaltação desse amor.

No Brasil, o Arcadismo nasceu na cidade de Vila Rica, atual Ouro Preto, em Minas Gerais. Nessa época, Portugal vivia uma fase nova com a política do Marquês de Pombal, e algumas medidas tomadas por ele, com o objetivo de modernizar a economia do reino, trouxeram prejuízos a alguns pequeno-burgueses da colônia. Entre eles, dois dos mais representativos poetas árcades, Tomás Antônio Gonzaga e

Cláudio Manuel da Costa, os quais, insatisfeitos com os altos impostos cobrados, envolveram-se na insurreição de 1789, a Inconfidência Mineira, sendo presos em decorrência do fracasso do projeto.

O desfecho que teve Cláudio Manuel da Costa — segundo o que conta — foi o de, ainda em 1789, cometer suicídio na prisão; enquanto Tomás Antônio Gonzaga, algum tempo depois, foi deportado para Moçambique, onde morreu em 1810.

## Sobre o autor

Tomás Antônio Gonzaga nasceu em 1744, na cidade do Porto, em Portugal. Em 1751, seis anos após a morte de sua mãe, mudou-se com o pai para Pernambuco e, em seguida, para a Bahia, onde viveu parte de sua infância e adolescência.

Ainda adolescente, voltou para Portugal e, na Universidade de Coimbra, graduou-se em Direito aos 24 anos de idade. Com o objetivo de lecionar nessa universidade, Gonzaga escreveu o *Tratado de Direito Natural*; porém trocou as pretensões de tornar-se professor universitário pelo ofício de magistrado, exercendo a profissão de juiz de fora na cidade de Beja, em Portugal.

Novamente no Brasil, foi nomeado Ouvidor dos Defuntos e Ausentes na comarca de Vila Rica, a atual Ouro Preto, em Minas Gerais. Lá conheceu Maria Doroteia Joaquina de Seixas, mulher pela qual ele se apaixonaria e que, segundo alguns estudiosos, seria a *Marília de Dirceu*. Por ela pertencer a uma das famílias mais ricas e tradicionais da região e, além disso, ser bem mais jovem do que Gonzaga — com uma diferença de idade de vinte e três anos —, o romance entre eles foi alvo de crítica pela família da moça. Contudo, a contragosto da família, afirma-se que eles estavam noivos quando, em 1789, ano em que eclodiu a Inconfidência Mineira, Tomás Antônio Gonzaga foi preso e, posteriormente, exilado sob a acusação de ter participado da insurreição, juntamente com alguns outros poetas árcades.

No exílio, em Moçambique, onde permaneceu o restante de sua vida, Gonzaga casou-se com Juliana de Souza Mascarenhas, filha de um traficante de escravos, e com ela teve dois filhos.

## O estilo de Tomás Antônio Gonzaga

Tomás Antônio Gonzaga foi autor de, além de *Marília de Dirceu*, mais duas obras: *Tratado de Direito Natural* e *Cartas chilenas*.

A primeira, apesar de ter sido escrita no final do século XVIII, foi publicada pela primeira vez somente em 1942. Trata-se de uma obra filosófica que serve de entrada para se conhecer as primeiras ideias de Gonzaga. Escrita em homenagem ao Marquês de Pombal, em *Tratado de Direito Natural* pregam-se certos valores iluministas. Contudo, a opinião do jovem Gonzaga em relação à monarquia portuguesa não era a mesma que tinha quando participou da insurreição de 1789.

Já em *Cartas chilenas,* faz-se um relato crítico sobre o governo de Minas Gerais, mas de uma maneira bastante peculiar: Gonzaga cria um personagem denominado Critilo, residente no Chile, que escreve treze cartas a um amigo Doroteu, residente na Espanha, com o intuito de narrar o governo corrupto de Fanfarrão Minésio.

*Marília de Dirceu*, portanto, foi sua única obra poética. Esta, dividida em três partes publicadas separadamente, apresenta Dirceu, um pastor que exalta as qualidades de sua amada Marília, retomando conceitos presentes na obra de Horácio, poeta latino do século I a.C., como o *carpe diem* e o *fugere urbem*.

## Sobre *Marília de Dirceu*

*Marília de Dirceu*, valorizada por diferentes gerações de leitores, é umas das mais importantes produções do movimento árcade no Brasil. Dividida em três partes, constituídas de uma série de liras, a obra segue a temática neoclassicista, com a regularidade métrica e a recorrência de rimas.

Escrito em um contexto histórico marcado pela valorização da razão humana, pela queda do poder da Igreja Católica e pelo fortalecimento de ideias cultivadas durante o Renascimento, o livro reflete sobre uma série de valores burgueses do período, repudiando o exagero de figuras de linguagens, comum entre os escritores barrocos.

Assim, numa linguagem simples e bastante descritiva, *Marília de Dirceu* apresenta a idealização feita por Dirceu — nome árcade de Gonzaga — das qualidades de Marília, a qual alguns acreditam ser

Maria Doroteia Joaquina de Seixas, mulher com quem o autor teve um envolvimento amoroso.

Uma das principais obras do Arcadismo no Brasil, *Marília de Dirceu* encantou e continua a encantar gerações de leitores brasileiros.

❖

## Siglas usadas para indicação das diferentes edições, basilares para o estabelecimento do texto:

N: 1ª edição da Parte I, na Tipografia Numesiana, em 1792 (23 liras).

N²: 1ª edição da Parte II, na Oficina Numesiana, em 1799 (32 liras). Devemos a consulta desta edição à amabilidade do Rev. Ruela Pombo, diligente investigador da Inconfidência.

N³: 2ª edição da Parte II, na Oficina Nunesiana, em 1802, com cinco liras novas (ao todo 37).

L: edição da Tipografia Lacerdina, em 1811, que contém a Parte I (37 liras) e a Parte II (38 liras), com o soneto "Obrei quanto o discurso me guiava" em 1ª edição.

R: edição da autêntica Parte III, na Impressão Régia, em 1812.

Como manuscritos, além dos originais de "Mesa Censória", conservados na Torre do Tombo e na Biblioteca Nacional de Lisboa, da 2ª e 3ª partes, utilizamos duas redações do soneto acima referido, que se guardam na Biblioteca Nacional de Lisboa (Caixa 80, nº. 10) e que são designados sob as rubricas B. Nac.¹ e B. N.²

Enfim, para o Poema na aclamação de D. Maria I, tivemos o prazer de verificar, pela consulta pessoal que fizemos do manuscrito da Biblioteca da Universidade de Coimbra (Ms. 340, fl. 83-9), que se trata de um autógrafo de Gonzaga, o único que se conserva de suas obras propriamente literárias.

Rodrigues Lapa

# Marília de Dirceu

# Parte I

## Lira I[1]

Eu, Marília, não sou algum vaqueiro,
Que viva de guardar alheio gado,
De tosco trato, de expressões grosseiro,
Dos frios gelos e dos sóis queimado.
Tenho próprio casal e nele assisto;
Dá-me vinho, legume, fruta, azeite;
Das brancas ovelhinhas tiro o leite
E mais as finas lãs, de que me visto.
Graças, Marília bela,
Graças à minha estrela!

*

Eu vi o meu semblante numa fonte:
Dos anos inda não está cortado;
Os pastores que habitam este monte
Respeitam o poder do meu cajado.
Com tal destreza toco a sanfoninha,
Que inveja até me tem o próprio Alceste:[2]

---

[1] Antes de casar, Gonzaga fez um exame de consciência. Muitos repararam na diferença de idade entre os dois namorados e na condição modesta do magistrado, sem bens de fortuna. Marília, essa pertencia a uma das principais famílias de Minas. Tomando um motivo antigo, dirigindo a uma Nise (veja-se a lira V, Parte III), compôs uma das suas mais formosas poesias. Aí refuta a ideia exagerada da sua pobreza e da sua decadência física. E mais uma vez tem o cuidado de insinuar a superioridade do seu talento literário, à falta de bens materiais.

[2] Alceste parece ser um dos nomes poéticos de Cláudio Manuel da Costa.

Ao som dela concerto a voz celeste,
Nem canto letra que não seja minha.
Graças, Marília bela,
Graças à minha estrela!

*

Mas tendo tantos dotes da ventura,
Só apreço lhes dou, gentil pastora,
Depois que o teu afeto me segura
Que queres do que tenho ser senhora.
É bom, minha Marília, é bom ser dono
De um rebanho, que cubra monte e prado;
Porém, gentil pastora, o teu agrado
Vale mais que um rebanho e mais que um trono.
Graças, Marília bela,
Graças à minha estrela!

*

Os teus olhos espalham luz divina,
A quem a luz do sol em vão se atreve;
Papoila ou rosa delicada e fina
Te cobre as faces, que são cor da neve.[3]
Os teus cabelos são uns fios d'ouro;
Teu lindo corpo bálsamos vapora.
Ah! não, não fez o céu, gentil pastora,
Para glória de amor igual tesouro!
Graças, Marília bela,
Graças à minha estrela!

*

Leve-me a sementeira muito embora
O rio, sobre os campos levantado;

---

[3] Pretendeu um crítico brasileiro, o prof. Joaquim Ribeiro, na *Estética da língua portuguesa*, fundado numa variante da edição de 1825, que a lição autêntica seria "cor de neve", por Gonzaga poetar no Brasil, região em que a neve é desconhecida. O argumento não serve: os poetas admitem como presentes as coisas que referem, sejam ou não conhecidas. Basta consultar as primeiras e melhores edições para se verificar que a verdadeira lição é efetivamente "cor da neve". A mesma expressão ocorre nas liras X e XI, Parte I).

Acabe, acabe a peste matadora,
Sem deixar uma rês, o nédio gado.
Já destes bens, Marília, não preciso
Nem me cega a paixão, que o mundo arrasta;
Para viver feliz, Marília, basta
Que os olhos movas, e me dês um riso.
Graças, Marília bela,
Graças à minha estrela!

*

Irás a divertir-te na floresta,
Sustentada, Marília, no meu braço;
Aqui[4] descansarei a quente sesta,
Dormindo um leve sono em teu regaço;
Enquanto a luta jogam os pastores,
E emparelhados correm nas campinas,
Toucarei teus cabelos de boninas,
Nos troncos gravarei os teus louvores.
Graças, Marília bela,
Graças à minha estrela!

*

Depois que nos ferir a mão da morte,
Ou seja neste monte, ou noutra serra,
Nossos corpos terão, terão a sorte
De consumir os dois a mesma terra.
Na campa, rodeada de ciprestes,
Lerão estas palavras os pastores:
"Quem quiser ser feliz nos seus amores
Siga os exemplos que nos deram estes".
Graças, Marília bela,
Graças à minha estrela!

---

[4] "Aqui", N; "ali", L.

## Lira II[1]

Pintam, Marília, os poetas
A um menino vendado,
Com uma aljava de setas,
Arco empunhado na mão;
Ligeiras asas nos ombros,
O terno corpo despido,
E de Amor ou de Cupido
São os nomes, que lhe dão.

*

Porém eu, Marília, nego,
Que assim seja Amor, pois ele
Nem é moço nem é cego,
Nem setas nem asas tem.
Ora pois, eu vou formar-lhe
Um retrato mais perfeito,
Que ele já feriu meu peito:
Por isso o conheço bem.

*

Os seus compridos cabelos,
Que sobre as costas ondeiam,
São que os de Apolo mais belos,
Mas de loura cor não são.
Têm a cor da negra noite;
E com o branco do rosto
Fazem, Marília, um composto
Da mais formosa união.

*

---

[1] Ainda esta lira, como se vê do contexto, pertence à fase inicial do idílio. Traça o retrato da amada e o quadro dos primeiros encontros. Uma confissão interessante do quarentão enamorado: diz ele que conhecia os sinais do amor. Prova de que tinha razoável experiência das suas lides, antes de conhecer Marília.

Tem redonda e lisa testa,
Arqueadas sobrancelhas,
E seus olhos são uns sóis.
Aqui vence Amor ao Céu:
Que no dia luminoso
O Céu tem um sol formoso,
E o travesso Amor tem dois.

*

Na sua face mimosa,
Marília, estão misturadas
Purpúreas folhas de rosa,
Brancas folhas de jasmim.
Dos rubins mais preciosos
Os seus beiços são formados;
Os seus dentes delicados
São pedaços de marfim.

*

Mal vi seu rosto perfeito,
Dei logo um suspiro, e ele
Conheceu haver-me feito
Estrago no coração.
Punha em mim os olhos, quando
Entendia eu não olhava;
Vendo que o via, baixava
A modesta vista ao chão.

*

Chamei-lhe um dia formoso;
Ele, ouvindo os seus louvores,
Com um modo[2] desdenhoso
Se sorriu e não falou,
Pintei-lhe outra vez o estado,
Em que estava esta alma posta;

---

[2] "modo", N; "gesto", L.

Não me deu também resposta,
Constrangeu-me e suspirou.
*
Conheço os sinais; e logo,
Animado da esperança,
Busco dar um desafogo
Ao cansado coração.
Pego em seus dedos nevados,
E querendo dar-lhe um beijo,
Cobriu-se todo de pejo
E fugiu-me com a mão.
*
Tu, Marília, agora vendo
De Amor o lindo retrato,
Contigo estarás dizendo
Que é este o retrato teu.
Sim, Marília, a cópia é tua,
Que Cupido é Deus suposto:
Se há Cupido, é só teu rosto,
Que ele foi quem me venceu.

## Lira III[1]

De amar, minha Marília, a formosura
Não se podem livrar humanos peitos:
Adoram os heróis, e os mesmos brutos
Aos grilhões de Cupido estão sujeitos.
Quem, Marília, despreza uma beleza

[1] Aqui o idílio entra numa fase definitiva. O poeta trata Marília por "minha". Estariam já prometidos. Logo, poderíamos datar esta lira de 1786-1787, sem grande receio de errar. A terceira estrofe não vem na primeira edição; aparece pela primeira vez na Lacerdina de 1811. Sem dúvida, Gonzaga considerou que a poesia ficara curta e acrescentou-lhe mais uma estrofe.

A luz da razão precisa,[2]
E, se tem discurso,[3] pisa
A lei, que lhe ditou a Natureza.

*

Cupido entrou no céu. O Grande Jove
Uma vez se mudou em chuva de ouro;
Outras vezes tomou as várias formas
De general de Tebas, velha e touro.
O próprio deus da guerra, desumano,
Não viveu de amor ileso:
Quis a Vênus e foi preso
Na rede, que lhe armou o deus Vulcano.

*

Mas sendo amor igual para os viventes,
Tem mais desculpa ou menos esta chama:
Amar formosos rostos acredita,
Amar os feios, de algum modo infama.
Quem lê que Jove amou, não lê nem topa
Que amou vulgar donzela:
Lê que amou a Dânae bela,
Encontra que roubou a linda Europa.

*

Se amar uma beleza se desculpa
Em quem ao próprio céu a terra move,
Qual é a minha glória, pois igualo,
Ou excedo no amor ao mesmo Jove?
Amou o pai dos deuses soberano
Um semblante peregrino;
Eu adoro o teu divino,
O teu divino rosto e sou humano.

[2] Isto é, "carece da luz da razão", "não tem entendimento".

[3] "Discurso": "entendimento", "razão". É termo filosófico-jurídico, frequentíssimo em Gonzaga.

## Lira IV[1]

Marília, teus olhos
São réus e culpados
Que sofra e que beije
Os ferros pesados
De injusto senhor.
Marília, escuta
Um triste pastor.

*

Mal vi o teu rosto,
O sangue gelou-se,
A língua prendeu-se,
Tremi e mudou-se
Das faces a cor.
Marília, escuta
Um triste pastor.

*

A vista furtiva,
O riso imperfeito
Fizeram a chaga,
Que abriste no peito,
Mais funda e maior.
Marília, escuta
Um triste pastor.

*

Dispus-me a servir-te;
Levava o teu gado
À fonte mais clara,
À vargem e prado

---

[1] Gonzaga queixava-se da sua namorada e vai-lhe insinuando o seu antigo amor para com Laura, que deixara ou fingira deixar. Marília iria talvez fazer uma estada em Sabará, a casa de uma de suas tias. É essa partida iminente, ao que parece imposta por sua família, que provoca o tom amargo desta lira.

De relva melhor.
Marília, escuta
Um triste pastor.
*
Se vinha da herdade,
Trazia nos ninhos
As aves nascidas,
Abrindo os biquinhos
De fome ou temor.
Marília, escuta
Um triste pastor.
*
Se alguém te louvava,
De gosto me enchia;
Mas sempre o ciúme
No rosto acendia
Um vivo calor.
Marília, escuta
Um triste pastor.
*
Se estavas alegre,
Dirceu se alegrava;
Se estavas sentida,
Dirceu suspirava
À força da dor.
Marília, escuta
Um triste pastor.
*
Falando com Laura,
Marília dizia;
Sorria-se aquela,
E eu conhecia
O erro de amor.
Marília, escuta
Um triste pastor.
*

Movida, Marília,
De tanta ternura,
Nos braços me deste
Da tua fé pura
Um doce penhor.
        Marília, escuta
        Um triste pastor.
*

Tu mesma disseste
Que tudo podia
Mudar de figura,
Mas nunca seria
Teu peito traidor.
        Marília, escuta
        Um triste pastor.
*

Tu já te mudaste;
E a olaia frondosa,
Aonde escreveste
A jura horrorosa,
Tem todo o vigor.
        Marília, escuta
        Um triste pastor.
*

Mas eu te desculpo,
Que o fado tirano
Te obriga a deixar-me,
Pois busca o meu dano
Da sorte que for.
        Marília, escuta
        Um triste pastor.

## Lira V[1]

Acaso são estes
Os sítios formosos,
Aonde passava
Os anos gostosos?
São estes os prados,
Aonde brincava,
Enquanto pastava,
O manso rebanho[2]
Que Alceu me deixou?[3]
São estes os sítios?
São estes; mas eu
O mesmo não sou.
Marília, tu chamas?
Espera, que eu vou.

*

Daquele penhasco
Um rio caía;
Ao som do sussurro
Que vezes dormia!

---

[1] Ausente de Marília, o poeta vê tudo mudado na Natureza, que assim se veste das cores tristes da sua alma. A poesia apresenta uma novidade romântica, o tema da Natureza — estado de alma que havia muito se não fazia sentir, com igual encanto, na literatura portuguesa. Gonzaga soube dar forma perfeita ao tema, de acordo com o novo rumo das almas.

[2] "Gordo rebanho", L.

[3] O sentido dos versos não é claro. Todavia, parece haver aqui uma indicação de que Alceu representaria antes Alvarenga Peixoto. Este, tendo alguns bens em Vila Rica, incumbiria Gonzaga de velar por eles. É, pelo menos, esta a melhor explicação, que de modo nenhum se pode aplicar a Cláudio Manuel da Costa, o qual vivia em Vila Rica. Alvarenga Peixoto e Gonzaga tratavam-se de primos. Natural era, pois, que, morando em S. João d'El Rei, o primeiro incumbisse o segundo de olhar na sua ausência pela sua fazenda. No distrito de Vila Rica possuía Alvarenga Peixoto a fazenda de Paraupeba, com engenho de açúcar em que trabalhavam 18 escravos. Advirta-se que o sujeito de "brincava" é "rebanho", e não Gonzaga.

Agora não cobrem
Espumas nevadas
As pedras quebradas:
Parece que o rio
O curso voltou.
São estes os sítios?
São estes; mas eu
O mesmo não sou.
Marília, tu chamas?
Espera, que eu vou.

*

Meus versos, alegre,
Aqui repetia;
O eco as palavras
Três vezes dizia.
Se chamo por ele,
Já não me responde;
Parece se esconde,
Cansado de dar-me,
Os ais que lhe dou.
São estes os sítios?
São estes; mas eu
O mesmo não sou.
Marília, tu chamas?
Espera, que eu vou.

*

Aqui um regato
Corria sereno,
Por margens cobertas
De flores e feno;
À esquerda se erguia
Um bosque fechado,
E o tempo apressado,
Que nada respeita,
Já tudo mudou.
São estes os sítios?

São estes; mas eu
O mesmo não sou.
Marília, tu chamas?
Espera, que eu vou.

*

Mas como discorro?
Acaso podia
Já tudo mudar-se
No espaço de um dia?
Existem as fontes
E os freixos copados;
Dão flores os prados,
E corre a cascata,
Que nunca secou.
São estes os sítios?
São estes; mas eu
O mesmo não sou.
Marília, tu chamas?
Espera, que eu vou.

*

Minha alma, que tinha
Liberta a vontade,
Agora já sente
Amor e saudade.
Os sítios formosos,
Que já me agradaram,
Ah! não se mudaram;
Mudaram-se os olhos,
De triste que estou.
São estes os sítios?
São estes; mas eu
O mesmo não sou.
Marília, tu chamas?
Espera, que eu vou.

## Lira VI

Oh! quanto pode em nós a vária estrela!
Que diversos que são os gênios nossos!
Qual solta a branca vela
E afronta sobre o pinho os mares grossos;
Qual cinge com a malha o peito duro,
E, marchando na frente das coortes,
Faz a torre voar, cair o muro.

*

O sórdido avarento em vão defende[1]
Que possa o filho entrar no seu tesouro:
Aqui, fechado, estende
Sobre a tábua, que verga, as barras de ouro.
Sacode o jogador do copo os dados;
E numa noite só, que ao sono rouba,
Perde o resto dos bens, do pai herdados.

*

O que da voraz gula o vício adora,
Da lauta mesa os seus prazeres fia;
E o terno Alceste chora
Ao som dos versos, a que o gênio guia.
O sábio Galileu toma o compasso,
E, sem voar ao céu, calcula e mede
Das estrelas e sol o imenso espaço.

*

Enquanto pois, Marília, a vária gente
Se deixa conduzir do próprio gosto,
Passo as horas contente,
Notando as graças do teu lindo rosto.
Sem cansar-me a saber se o sol se move,
Ou se a terra volteia, assim conheço

---

[1] "Defende", L. A primeira e a segunda edições trazem "trabalha", o que impõe para o verso 10 "espalha" em vez de "estende".

Aonde chega a mão[2] do grande Jove.

*

Noto, gentil Marília, os teus cabelos;
E noto as faces de jasmins e rosas;
Noto os teus olhos belos,
Os brancos dentes e as feições mimosas;
Quem fez uma obra tão perfeita e linda,
Minha bela Marília, também pode
Fazer os céus e mais, se há mais ainda.

## Lira VII

Vou retratar a Marília,
A Marília, meus amores;
Porém como? se eu não vejo
Quem me empreste as finas cores:
Dar-mas a terra não pode;
Não, que a sua cor mimosa
Vence o lírio, vence a rosa,
O jasmim e as outras flores.
Ah! socorre, Amor, socorre
Ao mais grato empenho meu!
Voa sobre os astros, voa,
Traz-me as tintas do céu.

*

Mas não se esmoreça logo;
Busquemos um pouco mais;
Nos mares talvez se encontrem
Cores, que sejam iguais.
Porém, não, que em paralelo
Da minha ninfa adorada
Pérolas não valem nada,

---

[2] "Chega o poder", L.

Não valem nada os corais.[1]
        Ah! socorre, Amor, socorre
        Ao mais grato empenho meu!
        Voa sobre os astros, voa,
        Traz-me as tintas do céu.

*

Só no céu achar-se podem
Tais belezas como aquelas
Que Marília tem nos olhos,
E que tem nas faces belas;
Mas às faces graciosas,
Aos negros olhos, que matam,
Não imitam, não retratam
Nem auroras nem estrelas.
        Ah! socorre, Amor, socorre
        Ao mais grato empenho meu!
        Voa sobre os astros, voa,
        Traz-me as tintas do céu.

*

Entremos, Amor, entremos,
Entremos na mesma esfera;
Venha Palas, venha Juno,
Venha a deusa de Citera.
Porém, não, que se Marília
No certame antigo entrasse,
Bem que a Páris não peitasse,
A todas as três vencera.
        Vai-te, Amor, em vão socorres
        Ao mais grato empenho meu:
        Para formar-lhe o retrato
        Não bastam tintas do céu.

---

[1] "E nada valem corais", L.

## Lira VIII[1]

Marília, de que te queixas?
De que te roube Dirceu
O sincero coração?
Não te deu também o seu?
E tu, Marília, primeiro
Não lhe lançaste o grilhão?
Todos amam; só Marília
Desta lei da Natureza
Queria ter isenção?

*

Em torno das castas pombas
Não rulam ternos pombinhos?
E rulam, Marília, em vão?
Não se afagam c'os biquinhos?
E as provas de mais ternura
Não os arrasta a paixão?
Todos amam; só Marília
Desta lei da Natureza
Queria ter isenção?

*

Já viste, minha Marília,
Avezinhas que não façam
Os seus ninhos no verão?
Aquelas, com quem se enlaçam,
Não vão cantar-lhes defronte
Do mole pouso, em que estão?

---

[1] Curiosa poesia de inspiração naturalista. Sob forma poética, Gonzaga vai explicando a Marília, já sua prometida, a grande lei da Natureza, o amor como garantia da conservação da espécie. É o filósofo quarentão que expõe à donzela pudibunda o grande princípio da vida. Aliás em termos que não são de perfeita poesia. Aquele retorno da rima em *-ão* confere à lira certa monotonia e banalidade, que conclui por uma fase de vulgaríssima prosa: "pois nela assenta a nossa conservação".

Todos amam; só Marília
Desta lei da Natureza
Queria ter isenção?

*

Se os peixes, Marília, geram
Nos bravos mares e rios,
Tudo efeitos de amor são.
Amam os brutos ímpios,
A serpente venenosa,
A onça, o tigre, o leão.
Todos amam; só Marília
Desta lei da Natureza
Queria ter isenção?

*

As grandes deusas do céu
Sentem a seta tirana
Da amorosa inclinação.
Diana, com ser Diana,
Não se abrasa, não suspira
Pelo amor de Endimião?
Todos amam; só Marília
Desta lei da Natureza
Queria ter isenção?

*

Desiste, Marília bela,
De uma queixa, sustentada
Só na altiva opinião.
Esta chama é inspirada
Pelo céu, pois nela assenta
A nossa conservação.
Todos amam; só Marília
Desta lei da Natureza
Queria ter isenção?

## Lira IX[1]

Eu sou, gentil Marília, eu sou cativo;
Porém não me venceu a mão armada
De ferro e de furor;
Uma alma sobre todas elevada
Não cede a outra força que não seja
À tenra mão de Amor.

*

Arrastem pois os outros muito embora
Cadeias nas bigornas trabalhadas
Com pesados martelos;
Eu tenho as minhas mãos ao carro atadas
Com duros ferros não, com fios d'ouro,
Que são os teus cabelos.

*

Oculto nos teus meigos, vivos olhos,
Cupido a tudo faz tirana guerra,
Sacode a seta ardente;
E sendo despedida cá da terra,
As nuvens rompe, chega ao alto Empíreo,
E chega ainda quente.

*

As abelhas, nas asas suspendidas,
Tiram, Marília, os sucos saborosos
Das orvalhadas flores:
Pendentes dos teus beiços graciosos,
Ambrósias chupam, chupam mil feitiços[2]
Nunca fartos Amores.

*

---

[1] Uma das melhores poesias de Gonzaga: sensualidade disfarçada em belas imagens, apesar de certos ressaibos de arcadismo. O ritmo langoroso e quebrado ajusta-se bem à ideia central.

[2] A edição Lacerdina de 1811 traz: "o mel não chupam, chupam ambrosias". Trata-se sem dúvida de uma variante do próprio Gonzaga, suscitada pela imagem das abelhas.

O vento, quando parte em largas fitas
As folhas, que meneia com brandura;
A fonte cristalina,
Que sobre as pedras cai de imensa altura,
Não forma um som tão doce, como forma
A tua voz divina.

*

Em torno dos teus peitos, que palpitam,
Exalam mil suspiros desvelados
Enxames de desejos;
Se encontram os teus olhos descuidados,
Por mais que se atropelem, voam, chegam,
E dão furtivos beijos.

*

O cisne, quando corta o manso lago,
Erguendo as brancas asas e o pescoço;
A nau, que ao longe passa,
Quando o vento lhe infuna o pano grosso,
O teu garbo não tem, minha Marília,
Não tem a tua graça.

*

Estimem pois os mais a liberdade;
Eu prezo o cativeiro, sim, nem chamo
À mão de Amor ímpia;
Honro a virtude e teus dotes amo:
Também o grande Aquiles veste a saia,
Também Alcides fia.

## Lira X

Se existe um peito,
Que isento viva
Da chama ativa,
Que acende Amor,
Ah! não habite

Neste montado,
Fuja apressado
Do vil traidor.

*

Corra, que o ímpio
Aqui se esconde
Não sei aonde,
Mas sei que o vi.
Traz novas setas,
Arco robusto;
Tremi de susto,
Em vão fugi.

*

Eu vou mostrar-vos.
Tristes mortais,
Quantos sinais
O ímpio tem.
Oh! como é justo
Que todo humano
Um tal tirano
Conheça bem!

*

No corpo ainda
Menino existe;[1]
Mas quem resiste
Ao braço seu?
Ao negro inferno
Levou a guerra;
Venceu a terra,
Venceu o céu.

*

---

[1] Versos 25-6: os dois versos não são de clareza cristalina. Por causa, certamente, de exigências de rima, Gonzaga forçou um pouco a significação do verbo "existir". Entenda-se: "fisicamente não é mais que um menino". Alguns escritores portugueses da época, por exemplo José Agostinho de Macedo, usaram o verbo com o mesmo sentido.

Jamais se cobrem
Seus membros belos;
E os seus cabelos
Que lindos são!
Vendados olhos,
Que tudo alcançam,
E jamais lançam
A seta em vão!

*

As suas faces
São cor da neve;
E a boca breve
Só risos tem.
Mas, ah! respira
Negros venenos,
Que nem ao menos
Os olhos veem.

*

Aljava grande,
Dependurada,
Sempre atacada
De bons farpões.
Fere com estas
Agudas lanças
Pombinhas mansas,
Bravos leões.

*

Se a seta falta,
Tem outra pronta,
Que a dura ponta
Jamais torceu.
Ninguém resiste
Aos golpes dela:
Marília bela
Foi quem lha deu.

*

Ah! não sustente
Dura peleja
O que deseja
Ser vencedor!
Fuja e não olhe,
Que só fugindo
De um rosto lindo
Se vence Amor.

## Lira XI

Não toques, minha Musa, não, não toques
Na sonora lira,
Que às almas, como a minha, namoradas,
Doces canções inspira;
Assopra no clarim, que, apenas soa,
Enche de assombro a terra,
Naquele, a cujo som cantou Homero,
Cantou Vergílio a guerra
Busquemos, ó Musa,
Empresa maior;
Deixemos as ternas
Fadigas de amor.

*

Eu já não vejo as graças, de que forma
Cupido o seu tesouro,
Vivos olhos e faces cor da neve,
Com crespos fios de ouro:
Meus olhos só veem gramas e loureiros;
Veem carvalhos e palmas;
Veem os ramos honrosos, que distinguem
As vencedoras almas.
Busquemos, ó Musa,
Empresa maior;

Deixemos as ternas
Fadigas de amor.
*
Cantemos o herói, que já no berço
As serpes despedaça;
Que fere os Cacos, que destronca as Hidras,
Mais os leões, que abraça.
Cantemos, se isto é pouco, a dura guerra
Dos Titães e Tifeus,
Que arrancam as montanhas, e atrevidos
Levam armas aos céus.
Busquemos, ó Musa,
Empresa maior;
Deixemos as ternas
Fadigas de amor.
*
Anima pois, ó Musa, o instrumento,
Que a voz também levanto;
Porém tu deste muito acima o ponto,
Dirceu não pode tanto.
Abaixa, minha Musa, o tom que ergueste,
Eu já, eu já te sigo.
Mas, ah! vou a dizer "herói e guerra",
E só "Marília" digo.
Busquemos, ó Musa,[1]
Empresa maior;
Deixemos as ternas
Fadigas de amor.
*

[1] Versos 45-8: na edição de 1799, segunda da Parte I, este refrão da quarta, quinta e sexta estrofes vem alterado deste modo: "Deixemos, ó Musa, /Empresa maior:/Só posso seguir-te/Cantando de amor." Efetivamente, o tom diferente da estrofe parece exigir agora a mudança de refrão.

Feres as cordas d'ouro? Ah! sim, agora
Meu canto já se afina,
E a humana voz parece que ao som delas
Se faz também divina.
O mesmo que cercou de muro a Tebas,
Não canta assim tão terno;
Nem pode competir comigo aquele
Que desceu ao negro inferno.
Busquemos, ó Musa,
Empresa maior;
Deixemos as ternas
Fadigas de amor.

*

Mal repito "Marília", as doces aves
Mostram sinais de espanto;
Erguem os colos, voltam as cabeças,
Param o ledo canto;
Move-se o tronco, o vento se suspende,
Pasma o gado e não come.
Quanto podem meus versos! Quanto pode
Só de Marília o nome!
Busquemos, ó Musa,
Empresa maior;
Deixemos as ternas
Fadigas de amor.

## Lira XII

Topei um dia
Ao deus vendado,
Que, descuidado,
Não tinha as setas
Na ímpia mão.
Mal o conheço.
Me sobe logo

Ao rosto o fogo,
Que a raiva acende
No coração.

*

— Morre tirano,
Morre inimigo!
Mal isto digo,
Raivoso o aperto
Nos braços meus.
Tanto que o moço
Sente apertar-se,
Para salvar-se
Também me aperta
Nos braços seus.

*

O leve corpo
Ao ar levanto;
Ah! e com quanto
Impulso o trago
Do ar ao chão!
Pôde suster-se
A vez primeira;
Mas à terceira,
Nos pés, que alarga,
Se firma em vão.

*

Mal o derrubo,
Ferro aguçado
No já cansado
Peito, que arqueja,
Mil golpes deu.
Suou seu corpo;
Tremeu, gemendo;
E a cor perdendo,
Bateu as asas
Enfim, morreu.

*

Qual bravo Alcides,
Que a hirsuta pele
Vestiu daquele
Grenhoso bruto,
A quem matou,
Para que prove
A empresa honrada,
Co' a mão manchada
Recolho as setas
Que me deixou.

*

Ouviu Marília
Que Amor gritava,
E como estava
Vizinha ao sítio,
Valer-lhe vem;
Mas quando chega
Espavorida,
Nem já de vida
O fero monstro
Indício tem.

*

Então Marília,
Que o vê de perto,
De pó coberto,
E todo envolto
No sangue seu,
As mãos aperta
No peito brando,
E aflita dando
Um ai, os olhos
Levanta ao céu.

*

Chega-se a ele,
Compadecida;

Lava a ferida
C'o pranto amargo
Que derramou.
Então o monstro
Dando um suspiro,
Fazendo um giro
Co'a baça vista,
Ressuscitou.

*

Respira a deusa;
E vem o gosto[1]
Fazer no rosto
O mesmo efeito,
Que fez a dor.
Que louca ideia
Foi a que tive!
Enquanto vive
Marília bela,
Não morre Amor.

## Lira XIII[1a]

Oh! quantos riscos,
Marília bela,
Não atropela
Quem, cego, arrasta
Grilhões de amor!

---

[1] Versos 82-5: estes quatro versos não são de fácil interpretação. Pensamos que o sentido deverá ser: "o gosto que sentiu ao ver Amor ressuscitar espalhou uma palidez de comoção pelo belo rosto de Marília". A dor e a alegria andam irmanadas nos sinais fisionômicos.

[1a] Gonzaga desenvolve o lugar-comum da poesia clássica: a descida de Orfeu aos infernos em busca de Eurídice, por entre os horrores sabidos daquelas paragens.

Um peito forte,
De acordo falto,[2]
Zomba do assalto
Do vil traidor.

*

O amante de Hero
Da luz guiado,
C'o peito ousado
Na escura noite
Rompia o mar.
Se o Helesponto
Se encapelava,
Ah! não deixava
De lhe ir falar.

*

Do cantor trácio
A heroicidade
Esta verdade,
Minha Marília,
Prova também:
Cheio de esforço
Vai ao Cocito
Buscar, aflito,
Seu doce bem.

*

Que ação tão grande,
Nunca intentada!
Ao pé da entrada,
Já tudo assusta
O coração:
Pendentes rochas,

---

[2] "De acordo falto": a palavra "acordo" designava, no período clássico, o siso, o equilíbrio das faculdades mentais. Não fica, porém, bem clara a relação existente entre os versos 1-5 e os quatro últimos da estrofe.

Campos adustos,
Que nem arbustos,
Nem ervas dão.

*

Na funda fralda
De calvo monte,
Corre Aqueronte,
Rio de ardente,
Mortal licor.
Tem o barqueiro
Testa enrugada,
Vista inflamada,
Que mete horror.

*

Que seguranças!
Que fechaduras!
As portas duras
Não são de lenhos,
De ferro são.
Por três gargantas,
Quando alguém bate,
Raivoso late
O negro cão.

*

Dentro da cova
Soam lamentos;
E que tormentos
Não mostra aos olhos
A escassa luz!
Minos a pena
Manda se intime
Igual ao crime,
Que ali conduz.

*

Grande penedo
Este carrega;

E apenas chega
Do monte ao cume,
O faz rolar.
A pedra sempre
Ao vale desce,
Sem que ele cesse
De a ir buscar.

*

Nas limpas águas
Habita aquele;
Por cima dele
Verdejam ramos,
Que pomos dão.
Debalde a boca
Molhar pertende:[3]
Debalde estende
Faminta mão.

*

Tem outro o peito
Despedaçado:
Monstro esfaimado
Jamais descansa
De lho roer.
A roxa carne,
Que o abutre come,
Não se consome,
Torna a crescer.

*

Mas, bem que tudo
Pavor inspira,
Tocando a lira

---

[3] “Pertende”, N, $N^3$, L. Era efetivamente assim que Gonzaga escrevia, como se vê das suas minutas de magistrado.

Nota do Editor: “pertende” é uma forma antiga de “pretende”, hoje em desuso.

Desce ao Averno
O bom cantor.
Não se entorpece
A língua e braço;
Não treme o passo,
Não perde a cor.

*

Ah! também quanto
Dirceu obrara,
Se precisara
Marília bela
Do esforço seu!
Rompera os mares
C'o peito terno,
Fora ao inferno,
Subira ao céu.

*

Aos dois amantes
De Trácia e Abido
Não deu Cupido
Do que aos mais todos
Maior valor.
Por seus vassalos
Forças reparte,
Como lhes parte
Os graus de amor.[4]

## Lira XIV[1]

Minha bela Marília, tudo passa;
A sorte deste mundo é mal segura;

---

[4] Quer o poeta dizer que Amor dá aos seus vassalos a coragem, na medida do afeto que sentirem.

[1] Gonzaga tinha pressa em aproveitar os restos da sua mocidade. Nesta poesia, como em outras, exprime aquela amargura indefinida do homem.

Se vem depois dos males a ventura,
Vem depois dos prazeres a desgraça.
Estão os mesmos deuses
Sujeitos ao poder do ímpio fado:
Apolo já fugiu do céu brilhante,
Já foi pastor de gado.

*

A devorante mão da negra morte
Acaba de roubar o bem que temos;
Até na triste campa não podemos
Zombar do braço da inconstante sorte:
Qual fica no sepulcro,
Que seus avós ergueram, descansado;
Qual no campo e lhe arranca os frios ossos
Ferro do torto arado.

*

Ah! enquanto os destinos impiedosos
Não voltam contra nós a face irada,
Façamos, sim, façamos, doce amada,
Os nossos breves dias mais ditosos.
Um coração, que, frouxo,
A grata posse de seu bem difere,
A si, Marília, a si próprio rouba,
E a si próprio fere.

*

Ornemos nossas testas com as flores,
E façamos de feno um brando leito;
Prendamo-nos, Marília, em laço estreito,
Gozemos do prazer de sãos amores.
Sobre as nossas cabeças,
Sem que o possam deter, o tempo corre;
E para nós o tempo que se passa,
Também, Marília, morre.

*

Com os anos, Marília, o gosto falta,
E se entorpece o corpo já cansado:

Triste, o velho cordeiro está deitado,
E o leve filho, sempre alegre, salta.
A mesma formosura
É dote que só goza a mocidade:
Rugam-se as faces, o cabelo alveja,
Mal chega a longa idade.

*

Que havemos de esperar, Marília bela?
Que vão passando os florescentes dias?
As glórias que vêm tarde, já vêm frias;
E pode enfim mudar-se a nossa estrela.
Ah! não, minha Marília,
Aproveite-se o tempo, antes que faça
O estrago de roubar ao corpo as forças,
E ao semblante a graça!

## Lira XV

A minha bela Marília
Tem de seu um bom tesouro;
Não é, doce Alceu, formado
Do buscado
Metal louro;
É feito de uns alvos dentes,
É feito de uns olhos belos,
De umas faces graciosas,
De crespos, finos cabelos,
E de outras graças maiores,
Que a Natureza lhe deu:
Bens, que valem sobre a terra,
E que têm valor no céu.

*

Eu posso romper os montes,
Dar às correntes desvios,
Pôr cercados espaçosos

Nos caudosos,
Turvos rios.
Posso emendar a ventura
Ganhando, astuto, a riqueza;
Mas, ah! caro Alceu, quem pode
Ganhar uma só beleza,
Das belezas que Marília
No seu tesouro meteu?
Bens, que valem sobre a terra,
E que têm valor no céu.

*

Da sorte que vive o rico,
Entre o fausto, alegremente,
Vive o guardador do gado,
Apoucado,
Mas contente.
Beije pois torpe avarento
As arcas, de barras cheias;
Eu não beijo os vis tesouros;
Beijo as douradas cadeias,
Beijo as setas, beijo as armas
Com que o cego Amor venceu:
Bens, que valem sobre a terra,
E que têm valor no céu.

*

Ama Apolo, o fero Marte,
Ama, Alceu, o mesmo Jove:
Não é, não, a vã riqueza,
Sim beleza,
Quem os move.
Posto ao lado de Marília,
Mais que mortal me contemplo;
Deixo os bens, que aos homens cegam,
Sigo dos deuses o exemplo:
Amo virtudes e dotes;

Amo, enfim, prezado Alceu,
Bens, que valem sobre a terra,
E que têm valor no céu.

## Lira XVI[1]

Eu, Glauceste, não duvido
Ser a tua Eulina amada
Pastora formosa,
Pastora engraçada.
Vejo a sua cor-de-rosa,
Vejo o seu olhar divino,
Vejo os seus purpúreos beiços,
Vejo o peito cristalino;
Nem há coisa que assemelhe
Ao crespo cabelo louro.
Ah! que a tua Eulina vale,
Vale um imenso tesouro!

*

Ela vence muito e muito
À laranjeira copada,
Estando de flores
E frutos ornada.
É, Glauceste, os teus amores;
E nem por outra pastora,
Que menos dotes tivera,
Ou que menos bela fora,
O meu Glauceste cansara
As divinas cordas de ouro.
Ah! que a tua Eulina vale,
Vale um imenso tesouro!

---

[1] A poesia dirige-se a Cláudio Manuel da Costa (Glauceste Satúrnio) e é um elogio à formosura de Eulina, a inspiradora dos seus versos, e ao mesmo tempo uma censura à ruindade da sua condição. Tudo acaba numa celebração de Marília, bela de corpo e bela de alma.

*

Sim, Eulina é uma deusa;
Mas anima a formosura
De uma alma de fera
Ou inda mais dura.
Ah! quando Alceu pondera[2]
Que o seu Glauceste suspira,
Perde, perde o sofrimento,
E qual enfermo delira!
Tenha embora brancas faces,
Meigos olhos, fios de ouro,
A tua Eulina não vale,
Não vale imenso tesouro.

*

O fuzil, que imita a cobra,
Também aos olhos é belo;
Mas quando alumeia,
Tu tremes de vê-lo.
Que importa se mostre cheia
De mil belezas a ingrata?
Não se julga formosura
A formosura que mata.
Evita, Glauceste, evita
O teu estrago e desdouro;
A tua Eulina não vale,
Não vale imenso tesouro.

*

A minha Marília quanto
À natureza não deve!

[2] A primeira e a segunda edições trazem "Alceu". A Lacerdina de 1811 corrigiu para "Dirceu", que na verdade é mais lógico, por se referir ao próprio Gonzaga. Contudo, não é muito natural o engano entre um e outro nome. Se não houve equívoco, e a boa lição é "Alceu", de duas uma: ou Alceu era um dos nomes poéticos de Gonzaga, ou, o que nos parece mais natural, designaria o outro amigo, Alvarenga Peixoto, que não é de estranhar se encontre na lira lamentando o mal de Glauceste.

Tem divino rosto
E tem mãos de neve.
Se mostro na face o gosto,
Ri-se Marília, contente;
Se canto, canta comigo;
E apenas triste me sente,
Limpa os olhos com as tranças
Do fino cabelo louro.
A minha Marília vale,
Vale um imenso tesouro.

## Lira XVII[1]

Minha Marília,
Tu enfadada?
Que mão ousada
Perturbar pode
A paz sagrada
Do peito teu?
Porém que muito
Que irado esteja
O teu semblante:
Também troveja
O claro céu.

*

[1] Esta poesia é uma das provas de que o amor de Laura se conservou até tarde e perturbou até o idílio dos dois namorados. O poeta chama-lhe feia para lisonjear Marília; mas a verdade é que a feia parece ter ao menos compensado Gonzaga da doce esterilidade daquele idílio, que nunca mais se convertia em posse. As seis últimas estrofes não vêm na primeira edição; apareceram pela primeira vez na Lacerdina de 1811. Não se duvida que sejam de Gonzaga: têm bem o seu cunho. O acrescento explica-se pela necessidade que teria o poeta de se justificar completamente aos olhos e talvez por imposição da própria Marília. Laura é-nos pintada como uma mulher louca de amor por Dirceu. Evidentemente Gonzaga compraz-se em carregar as tintas, por vaidade própria e para impressionar Marília, encarecendo a sua fidelidade.

Eu sei, Marília,
Que outra pastora
A toda a hora,
Em toda parte,
Cega namora
Ao teu pastor.
Há sempre fumo
Aonde há fogo:
Assim, Marília,
Há zelos, logo
Que existe amor.

*

Olha, Marília,
Na fonte pura
A tua alvura,
A tua boca
E a compostura
Das mais feições.
Quem tem teu rosto
Ah! não receia
Que terno amante
Solte a cadeia,
Quebre os grilhões.

*

Não anda Laura
Nestas campinas
Sem as boninas
No seu cabelo,
Sem peles finas
No seu jubão.
Porém que importa?
O rico asseio
Não dá, Marília,
Ao rosto feio
A perfeição.

*

Quando apareces
Na madrugada,
Mal embrulhada
Na larga roupa,
E desgrenhada,
Sem fita ou flor,
Ah! que então brilha
A Natureza!
Então se mostra
Tua beleza
Inda maior.

*

O céu formoso,
Quando alumia
O sol de dia,
Ou estrelado,
Na noite fria,
Parece bem.
Também tem graça
Quando amanhece;
Até, Marília,
Quando anoitece
Também a tem.

*

Que tens, Marília,
Que ela suspire,
Que ela delire,
Que corra os vales,
Que os montes gire,
Louca de amor?
Ela é que sente
Esta desdita;
E na repulsa
Mais se acredita
O teu pastor.

*

Quando há, Marília,
Alguma festa
Lá na floresta,
(fala a verdade!)
Dança com esta
O bom Dirceu?
E se ela o busca,
Vendo buscar-se,
Não se levanta,
Não vai sentar-se
Ao lado teu?

*

Quando um por outro
Na rua passa,
Se ela diz graça
Ou muda o gesto,
Esta negaça
Faze-lhe impressão
Se está fronteira,
E brandamente
Lhe fita os olhos,
Não põe, prudente,
Os seus no chão?

*

Deixe o ciúme,
Que te desvela,
Marília bela;
Nunca receies
Dano daquela
Que igual não for.
Que mais desejas?
Tens lindo aspecto;
Dirceu se alenta
De puro afeto,
De pundonor.

## Lira XVIII[1]

Não vês aquele velho respeitável,
Que, à muleta encostado,
Apenas mal se move e mal se arrasta?
Oh! quanto estrago não lhe fiz o tempo,
O tempo arrebatado,
Que o mesmo bronze gasta!

*

Enrugaram-se as faces e perderam
Seus olhos a viveza;
Voltou-se o seu cabelo em branca neve;
Já lhe treme a cabeça, a mão, o queixo,
Não tem uma beleza
Das belezas que teve.

*

Assim também serei, minha Marília,
Daqui a poucos anos,
Que o ímpio tempo para todos corre:
Os dentes cairão e os meus cabelos.
Ah! sentirei os danos,
Que evita só quem morre.

*

Mas sempre passarei uma velhice
Muito menos penosa.
Não trarei a muleta carregada,
Descansarei o já vergado corpo
Na tua mão piedosa,
Na tua mão nevada.

*

---

[1] Outra vez a obsessão melancólica da velhice, da fuga impiedosa do tempo. O quadro é perfeito, com as cores realistas próprias de Gonzaga. Não sabemos se a formosa Marília estaria inteiramente de acordo em aturar aquele homem, que assim prometia encostar a impertinente velhice à sua esplêndida mocidade. A poesia toda exala um sentimento de fragilidade, uma ternura triste, que constituem o seu encanto.

As frias tardes, em que negra nuvem
Os chuveiros não lance,
Irei contigo ao prado florescente:
Aqui me buscarás um sítio ameno,
Onde os membros descanse,
E ao branco sol me aquente.

*

Apenas me sentar, então, movendo
Os olhos por aquela
Vistosa parte, que ficar fronteira,
Apontando direi: — Ali falamos,
Ali, ó minha bela,
Te vi a vez primeira.

*

Verterão os meus olhos duas fontes,
Nascidas de alegria;
Farão teus olhos ternos outro tanto;
Então darei, Marília, frios beijos
Na mão formosa e pia,
Que me limpar o pranto.

*

Assim irá, Marília, docemente
Meu corpo suportando
Do tempo desumano a dura guerra.
Contente morrerei, por ser Marília
Quem, sentida, chorando,
Meus baços olhos cerra.

## Lira XIX[1]

Enquanto pasta, alegre, o manso gado,
Minha bela Marília, nos sentemos
À sombra deste cedro levantado.
Um pouco meditemos
Na regular beleza,
Que em tudo quanto vive nos descobre
A sábia Natureza.

*

Atende como aquela vaca preta
O novilhinho seu dos mais separa,
E o lambe, enquanto chupa a lisa teta.
Atende mais, ó cara,
Como a ruiva cadela
Suporta que lhe morda o filho o corpo,
E salte em cima dela.

*

Repara como, cheia de ternura,
Entre as asas ao filho essa ave aquenta,
Como aquela esgravata a terra dura,
E os seus assim sustenta;
Como se encoleriza
E salta sem receio a todo vulto,
Que junto deles pisa.

*

Que gosto não terá a esposa amante,
Quando der ao filhinho o peito brando
E refletir então no seu semblante!
Quando, Marília, quando
Disser consigo: "É esta

---

[1] O elogio da maternidade. Gonzaga vai preparando Marília, traçando-lhe quadros da Natureza, belamente coloridos como este. Repare-se no emprego do termo pitoresco e caracterizador, que faz do quadro uma agradável aquarela e o afasta dos moldes clássicos.

De teu querido pai a mesma barba,
A mesma boca e testa".
*
Que gosto não terá a mãe, que toca,
Quando o tem nos seus braços, c'o dedinho
Nas faces graciosas e na boca
Do inocente filhinho!
Quando, Marília bela,
O tenro infante já com risos mudos
Começa a conhecê-la!
*
Que prazer não terão os pais, ao verem
Com as mães um dos filhos abraçados;
Jogar outros a luta, outros correrem
Nos cordeiros montados!
Que estado de ventura:
Que até naquilo, que de peso serve,
Inspira amor doçura!

## Lira XX

Em uma frondosa
Roseira se abria
Um negro botão.
Marília adorada
O pé lhe torcia
Com a branca mão.
*
Nas folhas viçosas
A abelha enraivada
O corpo escondeu.
Tocou-lhe Marília:
Na mão descuidada
A fera mordeu.
*

Apenas lhe morde,
Marília, gritando,
C'o dedo fugiu.
Amor, que no bosque
Estava brincando,
Aos ais acudiu.

*

Mal viu a rotura
E o sangue espargido,
Que a deusa mostrou,
Risonho, beijando
O dedo ofendido,
Assim lhe falou:

*

— Se tu por tão pouco
O pranto desatas,
Ah! dá-me atenção:
E como daquele
Que feres e matas
Não tens compaixão?

## Lira XXI

Não sei, Marília, que tenho,
Depois que vi o teu rosto,
Pois quanto não é Marília
Já não posso ver com gosto.
Noutra idade me alegrava,
Até quando conversava
Com o mais rude vaqueiro:
Hoje, ó bela, me aborrece
Inda o trato lisonjeiro
Do mais discreto pastor.
Que efeitos são os que sinto?
Serão efeitos de amor?

*

Saio da minha cabana
Sem reparar no que faço;
Busco o sítio aonde moras,
Suspendo defronte o passo.
Fito os olhos na janela;
Aonde, Marília bela,
Tu chegas ao fim do dia;
Se alguém passa e te saúda,
Bem que seja cortesia,
Se acende na face a cor.
Que efeitos são os que sinto?
Serão efeitos de amor?

*

Se estou, Marília, contigo,
Não tenho um leve cuidado;
Nem me lembra se são horas
De levar à fonte o gado.
Se vivo de ti distante,
Ao minuto, ao breve instante
Finge um dia o meu desgosto;
Jamais, pastora, te vejo
Que em teu semblante composto
Não veja graça maior.
Que efeitos são os que sinto?
Serão efeitos de amor?

*

Ando já com o juízo,
Marília, tão perturbado,
Que no mesmo aberto sulco
Meto de novo o arado.
Aqui no centeio pego,
Noutra parte em vão o sego;
Se alguém comigo conversa,
Ou não respondo, ou respondo
Noutra coisa tão diversa,

Que nexo não tem menor.
Que efeitos são os que sinto?
Serão efeitos de amor?
*
Se geme o bufo agoureiro,
Só Marília me desvela,[1]
Enche-se o peito de mágoa,
E não sei a causa dela.
Mal durmo, Marília, sonho
Que fero leão medonho
Te devora nos meus braços:
Gela-se o sangue nas veias,
E solto do sono os laços
À força da imensa dor.
Ah! que os efeitos, que sinto,
Só são efeitos de amor!

## Lira XXII

Muito embora, Marília, muito embora
Outra beleza, que não seja a tua,
Com a vermelha roda, a seis puxada,
Faça tremer a rua;
*
As paredes da sala, aonde habita,
Adorne a seda e o tremó dourado;
Pendam largas cortinas, penda o lustre
Do teto apainelado,
*
Tu não habitarás palácios grandes,
Nem andarás nos coches voadores;

[1] Entenda-se: "me inspira cuidados", "me tira o sono".

Porém terás um vate que te preze,
Que cante os teus louvores.
*

O tempo não respeita a formosura;
E da pálida morte a mão tirana
Arrasa os edifícios dos Augustos,
E arrasa a vil choupana.
*

Que belezas, Marília, floresceram,
De quem nem sequer temos a memória!
Só podem conservar um nome eterno
Os versos, ou a história.
*

Se não houvesse Tasso nem Petrarca,
Por mais que qualquer delas fosse linda,
Já não sabia o mundo se existiram
Nem Laura, nem Clorinda.
*

É melhor, minha bela, ser lembrada
Por quantos hão de vir sábios humanos,
Que ter urcos, ter coches e tesouros,
Que morrem com os anos.

## Lira XXIII

Num sítio ameno,
Cheio de rosas,
De brancos lírios,
Murta, viçosas,
*

Dos seus amores
Na companhia,
Dirceu passava
Alegre o dia.
*

Em tom de graça,
Ao terno amante
Manda Marília
Que toque e cante.
*

Pega na lira,
Sem que a tempere,
A voz levanta,
E as cordas fere.
*

C'os doces pontos
A mão atina,
E a voz iguala
À voz divina.
*

Ela, que teve
De rir-se a ideia,
Nem move os olhos,
De assombro cheia.
*

Então Cupido
Aparecendo,
À bela fala,
Assim dizendo:
*

— Do teu amado
A liras fias,
Só por que dele
Zombando rias?
*

Quando num peito
Assento faço,
Do peito subo
À língua e braço.
*

Nem creias que outro
Estilo tome,
Sendo eu o mestre,
A ação teu nome.

## Lira XXIV

Encheu, minha Marília, o grande Jove
De imensos animais de toda espécie
As terras, mais os ares,
O grande espaço dos salobres rios,
Dos negros, fundos mares.
Para sua defesa,
A todos deu as armas, que convinha,
A sábia Natureza.

*

Deu as asas aos pássaros ligeiros,
Deu ao peixe escamoso as barbatanas;
Deu veneno à serpente,
Ao membrudo elefante a enorme tromba,
E ao javali o dente.
Coube ao leão a garra;
Com leve pé saltando o cervo foge;[1]
E o bravo touro marra.

*

Ao homem deu as armas do discurso,
Que valem muito mais que as outras armas;
Deu-lhe dedos ligeiros,
Que podem converter em seu serviço

---

[1] Veja-se a arte deste processo literário. Em vez de continuar monotonamente a enumeração precedida de "coube" e "deu", mudou de estilo e pintou logo os animais em ação com os atributos que lhes couberam. Um outro artista clássico, Sá de Miranda, é useiro nesse processo. Gonzaga devia conhecer o grande escritor quinhentista. Entre os inconfidentes havia quem possuísse as suas obras.

Os ferros e os madeiros;
Que tecem fortes laços
E forjam raios, com que aos brutos cortam
Os voos, mais os passos.

*

Às tímidas donzelas pertenceram
Outras armas, que têm dobrada força:
Deu-lhes a Natureza,
Além do entendimento, além dos braços,
As armas da beleza.
Só ela ao céu se atreve,
Só ela mudar pode o gelo em fogo,
Mudar o fogo em neve.

*

Eu vejo, eu vejo ser a formosura
Quem arrancou da mão de Coriolano
A cortadora espada.
Vejo que foi de Helena o lindo rosto
Quem pôs em campo, armada,
Toda a força da Grécia.
E quem tirou o cetro aos reis de Roma,
Só foi, só foi Lucrécia.

*

Se podem lindos rostos, mal suspiram,
O braço desarmar do mesmo Aquiles;
Se estes rostos irados
Podem soprar o fogo da discórdia
Em povos aliados;
És árbitra da terra:
Tu podes dar, Marília, a todo o mundo
A paz e a dura guerra.

## Lira XXV

O cego Cupido, um dia,
Com os seus gênios falava
Do modo que lhe restava
De cativar a Dirceu.
Depois de larga disputa,
Um dos gênios mais sagazes
Este conselho lhe deu:

*

— As setas mais aguçadas,
Como se em rocha batessem,
Dão nos seus peitos e descem
Todas quebradas ao chão.
Só as graças de Marília
Podem vencer um tão duro,
Tão isento coração.

*

A fortuna desta empresa
Consiste em amar-se o laço,
Sem que sinta ser o braço,
Que lho prepara, de Amor:
Que ele vive como as aves,
Que já deixaram as penas
No visco do caçador.

*

Na força deste conselho
O raivoso deus sossega,
E à tropa a honra entrega
De o fazer executar.
Todos pertendem ganhá-la;
Batem as asas, ligeiros,
E vão as armas buscar.

*

Os primeiros se ocultaram
Da deusa nos olhos belos;

Qual se enlaçou nos cabelos,
Qual às faces se prendeu.
Um amorinho cansado
Caiu dos lábios ao seio,
E nos peitos se escondeu.

*

Outro gênio, mais astuto,
Este novo ardil alcança:
Muda-se numa criança
De divino parecer;
Esconde as asas e a venda;
Esconde as setas e quanto
Pode dá-lo a conhecer.

*

Ela, que vê um menino
Todo de graças coberto,
Tão risonho e tão esperto
Ali sozinho brincar,
A ele endireita os passos;
Finge Amor ter medo e a deusa
Mais se empenha em lhe pegar.

*

Ela corria chamando;
Ele fugia e chorava:
Assim foram onde estava
O descuidado pastor.
Este, mal viu a beleza
E o gentil menino, entende
A malícia do traidor.

*

Põe as mãos sobre os ouvidos,
Cerra os olhos e, constante,
Não quer ver o seu semblante,
Não o quer ouvir falar.
Qual Ulisses noutra idade

Para iludir as sereias
Mandou tambores tocar.
*
Cupido, que a empresa via,
Julga o intento frustrado,
E de raiva transportado
O corpo no chão lançou.
Traçou a língua nos dentes;
Meteu as unhas no rosto
E os cabelos arrancou.
*
O gênio, que se escondia
Entre os peitos da pastora,
Ergueu a cabeça fora,
E o sucesso conheceu.
Deixa o sossego em que estava,
E vai ligeiro meter-se
No peito do bom Dirceu.
*
Apenas c'o brando peito
Lhe tocou a neve fria,
Com o calor que trazia,
Lhe abrasou o coração.
Dá o pastor um suspiro,
Abre os seus olhos e solta
do apertado ouvido a mão.
*
Logo que viram os gênios
Ao triste pastor disposto
Para ver o lindo rosto,
Para as palavras ouvir,
Cada um as armas toma,
Cada um com elas busca
Seu terno peito ferir.
*

Com os cabelos da deusa
Lhe forma um Cupido laços,
Que lhe seguram os braços,
Como se fossem grilhões.
O pastor já não resiste;
Antes beija, satisfeito,
As suas doces prisões.

## Lira XXVI

O destro Cupido um dia
Extraiu mimosas cores
De frescos lírios e rosas,
De jasmins e de outras flores.

*

Com as mais delgadas penas
Usa de uma e de outra tinta,
E nos ângulos do cobre
A quatro belezas pinta.

*

Por fazer pensar a todos,
No seu liso centro escreve
Um letreiro, que pergunta:
"Este espaço a quem se deve?"

*

Vênus, que viu a pintura,
E leu a letra engenhosa,
Pôs por baixo: "Eu dele cedo;
Dê-se a Marília formosa".

## Lira XXVII[1]

Alexandre, Marília, qual o rio,
Que engrossando no inverno tudo arrasa,
Na frente das coortes
Cerca, vence, abrasa
As cidades mais fortes.
Foi na glória das armas o primeiro;
Morreu na flor dos anos, e já tinha
Vencido o mundo inteiro.

*

Mas este bom soldado, cujo nome
Não há poder algum que não abata,
Foi, Marília, somente
Um ditoso pirata,
Um salteador valente.
Se não tem uma fama baixa e escura,
Foi por se pôr ao lado da injustiça
A insolente ventura.

*

O grande César, cujo nome voa,
À sua mesma Pátria a fé quebranta;
Na mão a espada toma,
Oprime-lhe a garganta,
Dá senhores a Roma.
Consegue ser herói por um delito;

---

[1] Esta poesia, além do acabado da forma, é significativa da tendência civilista de Gonzaga, que desadorava o poder militar. A concepção pejorativa do herói, do rei armado, tem as suas raízes no filosofismo do século XVIII e é particularmente voltairiana. Recorda-se a fórmula célebre: *Le premier qui fut roi, fut un soldat heureux*. Aliás, já no *Direito natural* cita Bodino e a sua opinião de que o apetite e a violência tinham sido a origem dos impérios (Parte II, cap. 5, parágrafo 7). É evidente que a atmosfera mais livre do Novo Mundo abriu o espírito de Gonzaga às novas concepções da liberdade política. O filosofismo estava largamente representado nas livrarias dos inconfidentes, e o amigo Alvarenga Peixoto possuía uma edição de Voltaire, em sete tomos.

Se acaso não vencesse, então seria
Um vil traidor proscrito.

*

O ser herói, Marília, não consiste
Em queimar os impérios: move a guerra,
Espalha o sangue humano,
E despovoa a terra
Também o mau tirano.
Consiste o ser herói em viver justo:
E tanto pode ser herói o pobre,
Como o maior Augusto.

*

Eu é que sou herói, Marília bela,
Seguindo da virtude a honrosa estrada:
Ganhei, ganhei um trono,
Ah! não manchei a espada,
Não o roubei ao dono!
Ergui-o no teu peito e nos teus braços;
E valem muito mais que o mundo inteiro
Uns tão ditosos laços.

*

Aos bárbaros, injustos vencedores
Atormentam remorsos e cuidados;
Nem descansam seguros
Nos palácios, cercados
De tropas e de altos muros.
E a quantos nos não mostra a sábia história,
A quem mudou o fado em negro opróbrio
A mal ganhada glória!

*

Eu vivo, minha bela, sim, eu vivo
Nos braços do descanso e mais do gosto:
Quando estou acordado,
Contemplo no[2] teu rosto,

---

[2] Note-se a construção do verbo "contemplar" com a preposição "em".

De graças adornado;
Se durmo, logo sonho e ali te vejo.
Ah! nem desperto nem dormindo sobe
A mais o meu desejo!

## Lira XXVIII

Cupido, tirando
Dos ombros a aljava,
Num campo de flores,
Contente brincava.

*

E o corpo tenrinho
Depois, enfadado,
Incauto reclina
Na relva do prado.

*

Marília formosa,
Que ao deus conhecia,
Oculta, espreitava
Quanto ele fazia.

*

Mal julga que dorme,
Se chega, contente,
As armas lhe furta,
E o deus a não sente.

*

Os Faunos, mal viram
As armas roubadas,
Saíram das grutas
Soltando risadas.

---

Era antigo em Gonzaga esse processo de estilo. Veja-se este exemplo tirado de *Direito natural*: “e quem poderá *contemplar em* semelhantes prodígios” (Parte II, cap. 2, parágrafo 2).

*

Acorda Cupido,
E a causa sabendo,
A quantos o insultam
Responde, dizendo:

*

— Temíeis as setas
Nas minhas mãos cruas?
Vereis o que podem
Agora nas suas.

## Lira XXIX

O tirano[1] Amor risonho
Me aparece e me convida
Para que seu jugo aceite;
E quer que eu passe em deleite
O resto da triste vida.

*

— O sonoro Anacreonte
(Astuto o moço dizia)
Já perto da morte estava,
Inda de amores cantava;
Por isso alegre vivia.

*

Aos negros, duros pesares
Não resiste um peito fraco,
Se amor o não fortalece;
O mesmo Jove carece
De Cupido e mais de Baco.

*

---

[1] É curioso o insistente emprego do adjetivo “tirano” na poesia lírica do século XVIII. As concepções políticas da liberdade tinham-se insinuado na arte e criaram esse adjetivo para designar em geral tudo quanto era detestável.

Eu lhe respondo: — Perjuro,
Nada creio do que dizes,
Porque já te fui sujeito;
Inda conservo no peito
Estas frescas cicatrizes.

*

Se o mundo conhece males,[2]
Tu os maiores fizeste;
Sim, tu a Troia queimaste,
Tu a Cartago abrasaste,
E tu a Antônio perdeste.

*

Amor, vendo que da oferta
Algum apreço não faço,
Me diz, afoito, que trate
De ir com ele a combate,
Peito a peito, braço a braço.

*

Vou buscar as minhas armas;
Cinjo primeiro que tudo
A brilhante arnês; e à pressa
Ponho um elmo na cabeça,
Tomo a lança e o grosso escudo.

*

Mal no campo me apresento,
Marília — oh! céus! — me aparece:
Logo que os olhos me fita,
O meu coração palpita,
A minha mão desfalece.

*

Então me diz o tirano:
— Confessa, louco, o teu erro:
Contra as armas da beleza

[2] Versos 21-5: esta estrofe não vem na edição de 1799.

Não vale a externa defesa
Dessa armadura de ferro.

## Lira XXX

Junto a uma clara fonte
A mãe de Amor se sentou;
Encostou na mão o rosto,
No leve sono pegou.

*

Cupido, que a viu de longe,
Contente ao lugar correu;
Cuidando que era Marília,
Na face um beijo lhe deu.

*

Acorda Vênus irada:
Amor a conhece; e então,
Da ousadia que teve
Assim lhe pede o perdão:

*

— Foi fácil, ó mãe formosa,
Foi fácil o engano meu;
Que o semblante de Marília
É todo o semblante teu.

## Lira XXXI[1]

Minha Marília,
Se tens beleza,
Da Natureza
É um favor;

---

[1] Gonzaga insiste nesta ideia: a beleza de Marília de nada valeria, se a não celebrasse a alta poesia do namorado. Não sendo nem rico nem jovem,

Mas se aos vindouros
Teu nome passa,
É só por graça
Do deus de amor,
Que, terno, inflama
A mente, o peito
Do teu pastor.

*

Em vão se viram
Per'las mimosas,
Jasmins e rosas
No rosto teu.
Em vão terias
Essas estrelas
E as tranças belas,
Que o céu te deu,
Se em doce verso
Não as cantasse
O bom Dirceu.

*

O voraz tempo
Ligeiro corre;
Com ele morre
A perfeição.
Essa que o Egito,
Sábia, modera,
De Marco impera
No coração;
Mas já Otávio
Não sente a força,
Do seu grilhão.

---

o magistrado vingava-se da fortuna, fazendo crer à menina de Vila Rica o quanto era feliz em ter um bom poeta a imortalizar-lhe os encantos. A lira prova que Glauceste (Cláudio Manuel da Costa) também se abalançara a celebrar a formosura de Marília.

*

Ah! vem, ó bela,
E o teu querido,
Ao deus Cupido
Louvores dar!
Pois faz que todos
Com igual sorte,
Do tempo e morte
Possam zombar:
Tu por formosa,
E ele, Marília,
Por te cantar.

*

Mas ai! Marília,
Que de um amante,
Por mais que cante,
Glória não vem!
Amor se pinta
Menino e cego;
No doce emprego
Do caro bem
Não vê defeitos,
E aumenta quantas
Belezas tem.

*

Nenhum dos vates,
Em teu conceito,
Nutriu no peito
Néscia paixão?
Todas aquelas,
Que vês cantadas,
Foram dotadas
De perfeição?
Foram queridas;
Porém formosas
Talvez que não.

*

Porém que importa
Não valha nada
Seres cantada
Do teu Dirceu?
Tu tens, Marília,
Cantor celeste;
O meu Glauceste
A voz ergueu:
Irá teu nome
Aos fins da Terra,
E ao mesmo Céu.

*

Quando nas asas
Do leve vento
Ao firmamento
Teu nome for,
Mostrando Jove
Graça extremosa,
Mudando a esposa
De inveja a cor;
De todos há de,
Voltando o rosto,
Sorrir-se Amor.

*

Ah! não se manche
Teu brando peito
Do vil defeito
Da ingratidão!
Os versos beija,
Gentil pastora,
A pena adora,
Respeita a mão,
A mão discreta,
Que te segura
A duração.

## Lira XXXII[1]

Numa noite, sossegado,
Velhos papéis revolvia,
E por ver de que tratavam,
Um por um a todos lia.

*

Eram cópias emendadas
De quantos versos melhores
Eu compus na tenra idade
A meus diversos amores.

*

Aqui leio justas queixas
Contra a ventura formadas,
Leio excessos mal aceitos,
Doces promessas quebradas.

*

Vendo sem-razões tamanhas,
Eu exclamo, transportado:
— Que finezas tão malfeitas,
Que tempo tão malpassado!

*

Junto pois num grande monte
Os soltos papéis, e logo,
Por que relíquias não fiquem,
Os intento pôr no fogo.

*

Então vejo que o deus cego,
Com semblante carregado,
Assim me fala e crimina
O meu intento acertado:

*

— Queres queimar esses versos?
Dize, pastor atrevido,
Essas liras não te foram
Inspiradas por Cupido?

*

Achas que de tais amores
Não deve existir memória?
Sepultando esses triunfos,
Não roubas a minha glória?

*

Disse Amor; e mal se cala,
Nos seus ombros a mão pondo,
Com um semblante sereno
Assim à queixa respondo:

*

— Depois, Amor, de me dares
A minha Marília bela,
Devo guardar uma liras,
Que não são em honra dela?

*

E que importa, Amor, que importa
Que a estes papéis destrua?
Se é tua esta mão que os rasga,
Se a chama que os queima, é tua?

*

Apenas Amor me escuta,
Manda que os lance nas brasas;
E ergue a chama c'o vento
Que formou, batendo as asas.

## Lira XXXIII[1]

Pega na lira sonora,
Pega, meu caro Glauceste;
E ferindo as cordas de ouro,

[1] Esta lira deve aproximar-se da anterior número XXXI. Entusiasmado com o exemplo de Glauceste, que por amizade empregara seu estro em Marília, Gonzaga vai fazendo o retrato da sua bela. O quadro ressente-se de

Mostra aos rústicos pastores
A formosura celeste
De Marília, meus amores.
Ah! pinta, pinta
A minha bela,
E em nada a cópia
Se afaste dela.

*

Que concurso, meu Glauceste,
Que concurso tão ditoso!
Tu és digno de cantares
O seu semblante divino;
E o teu canto sonoroso
Também do seu rosto é dino.
Ah! pinta, pinta
A minha bela,
E em nada a cópia
Se afaste dela.

*

Para pintares ao vivo
As suas faces mimosas,
A discreta Natureza
Que providência não teve!
Criou no jardim as rosas,
Fez o lírio e fez a neve.
Ah! pinta, pinta
A minha bela,
E em nada a cópia
Se afaste dela.

*

---

certo postiço arcádico e reminiscências transparentes do lirismo clássico, especialmente naquelas duas imagens: "as plantas calcadas dos pés da namorada brotam viçosas flores" e "o poeta vai ensinando ao monte e vale o nome que tem no peito".

A pintar as negras tranças
Peço que mais te desveles,
Pinta chusmas de amorinhos
Pelos seus fios trepando;
Uns tecendo cordas deles,
Outros com eles brincando.
Ah! pinta, pinta
A minha bela,
E em nada a cópia
Se afaste dela.

*

Para pintares, Glauceste,
Os seus beiços graciosos,
Entre as flores tens o cravo,
Entre as pedras a granada;
E para os olhos formosos
A estrela da madrugada.
Ah! pinta, pinta
A minha bela,
E em nada a cópia
Se afaste dela.

*

Mal retratares do rosto
Quanto julgares preciso,
Não dês a cópia por feita;
Passa a outros dotes, passa:
Pinta da vista e do riso
A modéstia, mais a graça.
Ah! pinta, pinta
A minha bela,
E em nada a cópia
Se afaste dela.

*

Pinta o garbo de teu rosto
Com expressões delicadas;
Os seus pés, quando passeiam,

Pisando ternos amores;
E as mesmas plantas calcadas
Brotando viçosas flores.
Ah! pinta, pinta
A minha bela,
E em nada a cópia
Se afaste dela.

*

Pinta mais, prezado amigo,
Um terno amante beijando
Suas doiradas cadeias;
E em doce pranto desfeito,
Ao monte e vale ensinando
O nome, que tem no peito.
Ah! pinta, pinta
A minha bela,
E em nada a cópia
Se afaste dela.

*

Nem suspendas o teu canto,
Inda que, pastor, se veja
Que a minha boca suspira,
Que se banha em pranto o rosto;
Que os outros choram de inveja,
E chora Dirceu de gosto.
Ah! pinta, pinta
A minha bela,
E em nada a cópia
Se afaste dela.

# Parte II

## Lira I[1]

Já não cinjo de loiro a minha testa,
Nem sonoras canções o deus me inspira.
Ah! que nem me resta
Uma já quebrada,
Mal sonora lira!

*

Mas neste mesmo estado em que me vejo,
Pede, Marília, Amor que vá cantar-te:
Cumpro o seu desejo;
E ao que resta supra[2]
A paixão e a arte.

*

A fumaça, Marília, da candeia,
Que a molhada parede ou suja ou pinta,
Bem que tosca e feia,
Agora me pode
Ministrar a tinta.

*

---

[1] É a primeira lira do prisioneiro, encerrado numa lôbrega masmorra da Fortaleza da Ilha das Cobras, no Rio de Janeiro. Vivendo a princípio em rigorosa incomunicabilidade, o namorado consegue evadir-se espiritualmente dos horrores do cárcere, que descreve com realismo, e continua a celebrar a sua Marília, esperançado na libertação. Trabalhava com uma espécie de furor, para enganar os tédios da prisão. E nessa espécie de frenesi, encontrava-se por vezes a gracejar consigo próprio.

[2] Entenda-se: "e ao pouco que resta de inspiração poética supra o amor e a técnica do verso". "Resta" poderá no texto substituir-se por "falta".

Aos mais preparos o discurso apronta:[3]
Ele me diz que faça no pé de uma
Má laranja ponta,
E dele me sirva
Em lugar de pluma.

*

Perder as úteis horas não, não devo;
Verás, Marília, uma ideia nova:
Sim, eu já te escrevo
Do que esta alma dita,
Quanto amor aprova.

*

Quem vive no regaço da ventura
Nada obra em te adorar, que assombro faça;
Mostra mais ternura
Quem te estima, e morre
Nas mãos da desgraça.

*

Nesta cruel masmorra tenebrosa
Ainda vendo estou teus olhos belos,
A testa formosa,
Os dentes nevados,
Os negros cabelos.

*

Vejo, Marília, sim; e vejo ainda
A chusma dos Cupidos, que, pendentes
Dessa boca linda,
Nos ares espalham
Suspiros ardentes.

*

Se alguém me perguntar onde eu te vejo,
Responderei: "No peito, que uns Amores
De casto desejo

---

[3] Isto é, "o entendimento diz-me a maneira de obter os restantes apetrechos de escrita".

Aqui te pintaram,
E são bons pintores".

*

Mal meus olhos te viram, ah! nessa hora
Teu retrato fizeram, e tão forte,
Que entendo que agora
Só pode apagá-lo
O pulso da morte.

*

Isto escrevia, quando, oh! céus, que vejo![4]
Descubro a ler-me os versos o deus loiro:
Ah! dá-lhes um beijo,
E diz-me que valem
Mais que letras de oiro!

## Lira II

Esprema a vil calúnia muito embora,
Entre as mãos denegridas e insolentes,
Os venenos das plantas
E das bravas serpentes;

*

Chovam raios e raios, no meu rosto
Não hás de ver, Marília, o medo escrito,
E medo perturbado,
Que infunde o vil delito.

*

Podem muito, conheço, podem muito,
As fúrias infernais, que Pluto move;[1]

---

[4] No ms. da Mesa Censória, "pejo" em lugar de "vejo". Pode ser que seja erro do próprio manuscrito, o qual parece ter sido feito por pessoa de poucas letras e má caligrafia. Em todo caso, "pejo" não estaria mal.

[1] Gonzaga alude às perseguições que lhe moviam os ricaços da capitania, os quais se vingavam agora da intransigência e má vontade do antigo ouvidor de Vila Rica. A tudo isso opunha ele um estoicismo à antiga, para o qual

Mas pode mais que todas
Um dedo só de Jove.

*

Este deus converteu em flor mimosa,
A quem seu nome deram, a Narciso;
Fez de muitos os astros,
Qu'inda no céu diviso.

*

Ele pode livrar-me das injúrias
Do néscio, do atrevido, ingrato povo;
Em nova flor mudar-me,
Mudar-me em astro novo.

*

Porém se os justos céus, por fins ocultos,
Em tão tirano mal me não socorrem,
Verás então que os sábios,
Bem como vivem, morrem.

*

Eu tenho um coração maior que o mundo,
Tu, formosa Marília, bem o sabes:
Um coração, e basta,
Onde tu mesma cabes.

## Lira III

Sucede, Marília bela,
À medonha noite o dia;
A estação chuvosa e fria
À quente, seca estação.
Muda-se a sorte dos tempos;
Só a minha sorte não?

---

usou um verso que é das coisas mais belas de toda a literatura: "Eu tenho um coração maior que o mundo".

*

Os troncos nas primaveras
Brotam em flores, viçosos;
Nos invernos escabrosos
Largam as folhas no chão.
Muda-se a sorte dos troncos;
Só a minha sorte não?

*

Aos brutos, Marília, cortam
Armadas redes os passos;
Rompem depois os seus laços,
Fogem da dura prisão.
Muda-se a sorte dos brutos;
Só a minha sorte não?

*

Nenhum dos homens conserva
Alegre sempre o seu rosto;
Depois das penas vem gosto,
Depois do gosto aflição.
Muda-se a sorte dos homens;
Só a minha sorte não?

*

Aos altos deuses moveram
Soberbos gigantes guerra;
No mais tempo o céu e a terra
Lhes tributa adoração.
Muda-se a sorte dos deuses;
Só a minha sorte não?

*

Há de, Marília, mudar-se
Do destino a inclemência;
Tenho por mim a inocência,
Tenho por mim a razão.
Muda-se a sorte de tudo;
Só a minha sorte não?

*

O tempo, ó bela, que gasta
Os troncos, pedras e o cobre,
O véu rompe, com que encobre
À verdade a vil traição.
Muda-se a sorte de tudo;
Só a minha sorte não?

*

Qual eu sou, verá o mundo;
Mais me dará do que eu tinha,
Tornarei a ver-te minha:
Que feliz consolação!
Não há de tudo mudar-se,
Só a minha sorte não!

## Lira IV[1]

Já, já me vai, Marília, branquejando
Loiro cabelo, que circula a testa;
Este mesmo, que alveja, vai caindo,
E pouco já me resta.

*

As faces vão perdendo as vivas cores,
E vão-se sobre os ossos enrugando,
Vai fugindo a viveza dos meus olhos;
Tudo se vai mudando.

*

[1] Gonzaga tem um fundo de "humorismo", que se verifica no modo como ele alude aos seus próprios ridículos, aplicando nisso um realismo observador e pitoresco. Esta lira é uma boa prova desse estilo. É, na verdade, um pouco burlesca a insistência na calvície e numa decadência corporal, que só poderia fazer aflorar ao lindo rosto de Marília um sorriso de piedade, não talvez de amor. Era isso talvez o que o pobre encarcerado pedisse, bastando-lhe já uma espécie de ternura filial.

Se quero levantar-me, as costas vergam;
As forças dos meus membros já se gastam;
Vou a dar pela casa uns curtos passos,
Pesavam-me os pés e arrastam.
*
Se algum dia me vires desta sorte,
Vê que assim me não pôs a mão dos anos;
Os trabalhos, Marília, os sentimentos
Fazem os mesmos danos
*
Mal te vir, me dará em poucos dias
A minha mocidade o doce gosto;
Verás brunir-se a pele, o corpo encher-se,
Voltar a cor ao rosto.
*
No calmoso verão as plantas secam;
Na primavera, que aos mortais encanta,
Apenas cai do céu o fresco orvalho,
Verdeja logo a planta.
*
A doença deforma a quem padece;
Mas logo que a doença fez seu termo,
Torna, Marília, a ser quem era dantes,
O definhado enfermo.
*
Supõe-me qual doente, ou qual a planta,
No meio da desgraça que me altera:
Eu também te suponho qual saúde,
Ou qual a primavera.
*
Se dão esses teus meigos, vivos olhos
Aos mesmos astros luz e vida às flores,
Que efeitos não farão em quem por eles
Sempre morreu de amores?

## Lira V

Os mares, minha bela, não se movem;
O brando norte assopra, nem diviso
Uma nuvem sequer na esfera toda;
O destro nauta aqui não é preciso;
Eu só conduzo a nau, eu só modero
Do seu governo a roda.

*

Mas ah! que o sul carrega, o mar se empola,
Rasga-se a vela, o mastaréu se parte!
Qualquer varão prudente aqui já teme;
Não tenho a necessária força e arte.
Corra o sábio piloto, corra e venha
Reger o duro leme.

*

Como sucede à nau no mar, sucede
Aos homens na ventura e na desgraça;
Basta ao feliz não ter total demência;
Mas quem de venturoso a triste passa,
Deve entregar o leme do discurso
Nas mãos da sã prudência.

*

Todo o céu se cobriu, os raios chovem;
E esta alma, em tanta pena consternada,
Nem sabe aonde possa achar conforto.
Ah! não, não tardes, vem, Marília amada,
Toma o leme da nau, mareia o pano,
Vai-a salvar no Porto!

*

Mas ouço já de Amor as sábias vozes:
Ele me diz que sofra, se não, morro;
E perco então, se morro uns doces laços.
Não quero já, Marília, mais socorro;
Oh! ditoso sofrer, que lucrar pode
A glória dos teus braços!

## Lira VI

De que te queixas,
Língua importuna?
De que a fortuna
Roubar-te queira
O que te deu?
    Este foi sempre
    O gênio seu.

*

Levou, Marília,
A ímpia sorte
Catões à morte;
Nem sepultura
Lhes concedeu.
    Este foi sempre
    O gênio seu.

*

A outros muitos,
Que vis nasceram,
Nem mereceram,
A grandes tronos
A ímpia ergueu.
    Este foi sempre
    O gênio seu.

*

Espalha a cega
Sobre os humanos
Os bens e os danos,
E a quem se devam
Nunca escolheu.
    Este foi sempre
    O gênio seu.

*

A quanto é justo
Jamais se dobra;

Nem igual obra
C'os mesmos deuses
Do caro[1] céu.
Este foi sempre
O gênio seu.

*

Sobe ao céu Vênus
Num carro ufano;
E cai Vulcano
Da pura esfera,
Em que nasceu.
Este foi sempre
O gênio seu.

*

Mas não me rouba,
Bem que se mude,
Honra e virtude:
Que o mais é dela,
Mas isto é meu.
Este foi sempre
O gênio seu.

## Lira VII[1a]

Meu prezado Glauceste,
Se fazes o conceito
Que, bem que réu, abrigo
A cândida virtude no meu peito;

---

[1] "Caro", na edição de 1799 e de 1802; "claro", em L.

[1a] Gonzaga dirige-se ao amigo e confidente Cláudio Manuel da Costa, ignorando ou fingindo ignorar que este estava preso pelos mesmos motivos políticos. O mais trágico da circunstância é que, nesse mesmo tempo em que pedia ao amigo consolo para Marília, o estava Cláudio denunciando, numa extraordinária perturbação, que o levaria em pouco tempo ao suicídio.

Se julgas, digo, que mereço ainda
Da tua mão socorro;
Ah! vem dar-mo agora,
Agora, sim, que morro!
*
Não quero que, montado
No Pégaso fogoso,
Venhas com dura lança
Ao monstro infame traspassar, raivoso.
Deixa que viva a pérfida calúnia,
E forje o meu tormento:
Com menos, meu Glauceste,
Com menos me contento.
*
Toma a lira doirada,
E toca um pouco nela;
Levanta a voz celeste
Em parte que te escute a minha bela;
Enche todo o contorno de alegria;
Não sofras que o desgosto
Afogue em pranto amargo
O seu divino rosto.
*
Eu sei, eu sei, Glauceste,
Que um bom cantor havia,
Que os brutos amansava;
Que os troncos e os penedos atraía.
De outro destro cantor também afirma
A sábia Antiguidade
Que as muralhas erguera
De uma grande cidade.
*
Orfeu as cordas fere:
O som delgado e terno
Ao rei Plutão abranda,
E o deixa que penetre o fundo Averno.

Ah! tu a nenhum cedes, meu Glauceste,
Na lira e mais no canto:
Podes fazer prodígios,
Obrar ou mais, ou tanto.
*
Levanta pois as vozes:
Que mais, que mais esperas?
Consola um peito aflito,
Que é menos inda que domar as feras.
Com isto me darás no meu tormento
Um doce lenitivo;
Que, enquanto a bela vive,
Também, Glauceste, vivo.

## Lira VIII

Eu vejo, ó minha bela, aquele númen,
A quem o nome deram de Fortuna;
Pega-me pelo braço
E, com voz importuna,
Me diz que mova o passo;
Que entre no grande templo, em que se encerra
Quanto o destino manda
Que ela obre sobre a terra.
*
Que coisas portentosas nele encontro!
Eu vejo a pobre fundação de Roma;
Vejo-a queimar Cartago;
Vejo que as gentes doma;
E vejo o seu estrago.
Lá floresce o poder do assírio povo;
Aqui os Medos crescem,
E os perde um braço novo.
*

Então me diz a deusa: — E que pertendes?
Todas estas medalhas ver agora?
Ah! não, não sejas louco!
Espaço de anos fora
Para isso ainda pouco.
Deixa estranhos sucessos, vem comigo;
Verás quanto inda deve
Acontecer contigo.

*

Levou-me aonde estava a minha história,
Que toda me explicou com modo[1] e arte.
— Tirei-te libras de oiro —
Me diz — e quero dar-te
Todo aquele tesoiro.
Não suspira por bens um peito nobre
— Severo lhe respondo —
Vivo afeito a ser pobre.

*

Aqui me enruga a deusa, irada, a testa,
E fica sem falar um breve espaço.
— Alegra, alegra o rosto —
Prossegue — ali te faço
Restituir o posto.
Respondo com ar de mofa e tom sereno:
— Conheço-te, Fortuna,
Posso morrer pequeno.

*

Aqui te dou — me diz — a tua amada.
Então me banho todo de alegria.
— Cuidei — me torna a cega —
Que essa alma não queria
Nem esta mesma entrega.
— É esse o bem — respondo — que me move;

---

[1] É curioso que todas as edições até a Lacerdina, inclusive o próprio ms. da Censura, trazem "medo", lição evidentemente errada.

Mas este bem é santo,
Vem só da mão de Jove.

*

Queria mais falar; eu, insofrido,
Desta maneira rompo os seus acentos:
— Basta, Fortuna, basta;
Estes breves momentos
Lá noutras coisas gasta;
Da minha sorte nada mais contemplo.
E, chamando Marília,
Suspiro e deixo o Templo.

## Lira IX

A estas horas
Eu procurava
Os meus amores;
Tinham-me inveja
Os mais pastores.

*

A porta abria,
Inda esfregando
Os olhos belos,
Sem flor, nem fita,
Nos seus cabelos.

*

Ah! que assim mesmo,
Sem compostura,
É mais formosa
Que a estrela d'alva,
Que a fresca rosa!

*

Mal eu a via,
Um ar mais leve
— que doce efeito! —

Já respirava
Meu terno peito.

*

Do cerco apenas
Soltava o gado,
Eu lhe amimava
Aquela ovelha
Que mais amava.

*

Dava-lhe sempre,
No rio e fonte,
No prado e selva,
Água mais clara,
Mais branda relva.

*

No colo a punha;
Então, brincando,
A mim a unia;
Mil coisas ternas
Aqui dizia.

*

Marília, vendo
Que eu só com ela
É que falava,
Ria-se a furto
E disfarçava.

*

Desta maneira,
Nos castos peitos
De dia em dia
A nossa chama
Mais se acendia.

*

Ah! quantas vezes,
No chão sentado,
Eu lhe lavrava

As finas rocas,
Em que fiava!
*
Da mesma sorte
Que à sua amada,
Que está no ninho,
Fronteiro canta
O passarinho.
*
Na quente sesta,
Dela defronte,
Eu me entretinha,
Movendo o ferro
Da sanfoninha.
*
Ela, por dar-me
De ouvir o gosto,
Mais se chegava;
Então, vaidoso,
Assim cantava:
*
*Não há pastora,*
*Que chegar possa*
*À minha bela,*
*Nem quem me iguale*
*Também na estrela.*
*
*Se Amor concede*
*Que eu me recline*
*No branco peito,*
*Eu não invejo*
*De Jove o leito.*
*
*Ornam seu peito*
*As sãs virtudes,*
*Que nos namoram;*

*No seu semblante*
*As graças moram.*

*

Assim vivia;
Hoje em suspiros
O canto mudo:
Assim, Marília,
Se acaba tudo!

## Lira X[1]

Arde o velho barril, arde a cabeça,
Em honra de João na larga rua;
O crédulo Mortal agora indaga
Qual seja a sorte sua.

*

Eu não tenho alcachofra, que à luz chegue,
E nela orvalhe o céu de madrugada,
Para ver se rebentam novas folhas
Aonde foi queimada.

*

Também não tenho um ovo que despeje
Dentro de um copo d'água e possa nela

---

[1] O sentido desta poesia não é claro, ao primeiro relance. Gonzaga nutria no cárcere a desconfiança de que alguém lhe pudesse roubar Marília, longe agora da sua influência direta. A própria aplicação que punha na laboração poética mostra que o prisioneiro procurava por todas as formas que o encanto se não desfizesse. Numa dessas crises de dúvida e ciúme, lembrando velhas tradições populares, ainda hoje correntes em Portugal, Gonzaga pôs à prova a fidelidade de Marília. O primeiro nome a ser ouvido, se a tradição fosse certa, seria o de Dirceia (= amada de Dirceu). Porém o nome foi Filena, com grande mágoa do poeta, que via assim confirmadas as suas suspeitas. Chegou a correr que Marília tivera um filho natural, nascido em julho de 1794. Tomás Brandão procurou desfazer esse boato, referindo a uma irmã de Marília essas leviandades e desfalecimentos.

Fingir palácios grandes, altas torres,
E uma nau à vela.
*

Mas, ah! em bem me lembre: eu tenho ouvido
Que na boca um bochecho d'água tome,
E atrás de qualquer porta atento esteja,
Até ouvir um nome.
*

Que o nome que primeiro ouvir, é esse
O nome que há de ter a minha amada.
Pode verdade ser; se for mentira,
Também não custa nada.
*

Vou tudo executar, e de repente
Ouvi dizer o nome de Filena:
Despejo logo a boca: ah! não sei como
Não morro ali de pena!
*

Aparece Cupido; então, soltando
Em ar de zombaria uma risada:
— E que tal — me pergunta — esteve a peça?
Não foi bem pregada?
*

Eu já te disse que Marília é tua;
Tu fazes do meu dito tanta conta,
Que vais acreditar o que te ensina
Velha mulher já tonta?
*

Humilde lhe respondo: — Quem debaixo
Do açoite da Fortuna aflito geme,
Nas mesmas coisas, que só são brinquedos,
Se agoiram males, teme.

## Lira XI

Se acaso não estou no fundo Averno,
Padece, ó minha bela, sim, padece
O peito amante e terno
As aflições tiranas, que aos precitos
Arbitra Radamanto em justa pena
Dos bárbaros delitos.

*

As fúrias infernais, rangendo os dentes,
Com a mão descarnada não me aplicam
As raivosas serpentes;
Mas cercam-me outros monstros mais irados:
Mordem-me sem cessar as bravas serpes
De mil e mil cuidados.

*

Eu não gasto, Marília, a vida toda
Em lançar o penedo da montanha
Ou em mover a roda;
Mas tenho ainda mais cruel tormento:
Por coisas que afligem, roda e gira
Cansado pensamento.

*

Com retorcidas unhas agarrado
Às tépidas entranhas, não me come
Um abutre esfaimado;
Mas sinto de outro monstro a crueldade:
Devora o coração, que mal palpita,
O abutre da saudade.

*

Não vejo os pomos, nem as águas vejo,
Que de mim se retiram, quando busco
Fartar o meu desejo;
Mas quer, Marília, o meu destino ingrato
Que lograr-te não possa, estando vendo
Nesta alma o teu retrato.

*

Estou no inferno, estou, Marília bela;
E numa coisa só é mais humana
A minha dura estrela:
Uns não podem mover do inferno os passos;
Eu pertendo voar e voar cedo
À glória dos teus braços.

## Lira XII[1]

Ah! Marília, que tormento
Não tens de sentir, saudosa!
Não podem ver os teus olhos
A campina deleitosa,
Nem a tua mesma aldeia,
Que, tiranos, proponham
À inda inquieta ideia
Uma imagem de aflição.
Mandarás aos surdos deuses
Novos suspiros em vão.

*

Quando levares, Marília,
Teu ledo rebanho ao prado,
Tu dirás: — Aqui trazia
Dirceu também o seu gado.
Verás os sítios ditosos
Onde, Marília, te dava

[1] Gonzaga insiste na ideia de julgar que os seus amigos de Vila Rica andavam sossegados, levando a vida habitual, como se nada tivesse sucedido. Atitude que nos parece dissimulada, e que serviria habilmente para sua defesa. O prisioneiro teria o cuidado de fazer chegar as liras à censura das autoridades, que consentiram em que os desabafos poéticos chegassem a Marília. Que a incomunicabilidade não era absoluta vê-se pelo fato de ele próprio confessar (lira XXXI, Parte II) que recebia cartas da noiva.

Doces beijos amorosos
Nos dedos da branca mão.
  Mandarás aos surdos deuses
  Novos suspiros em vão.

*

Quando à janela saíres,
Sem quereres, descuidada,
Tu verás, Marília, a minha
E minha[2] pobre morada.
Tu dirás então contigo:
— Ali Dirceu esperava
Para me levar consigo;
E ali sofreu a prisão.
  Mandarás aos surdos deuses
  Novos suspiros em vão.

*

Quando vires igualmente
Do caro Glauceste a choça,
Onde alegres se juntavam
Os poucos da escolha nossa,
Pondo os olhos na varanda
Tu dirás, de mágoa cheia:
— Todo o congresso ali anda,
Só o meu amado não.
  Mandarás aos surdos deuses
  Novos suspiros em vão.

*

Quando passar pela rua
O meu companheiro honrado,
Sem que me vejas com ele
Caminhar emparelhado,

---

[2] "A minha", no ms. da Mesa Censória; "e minha", em N[2], N[3] e L. Em errata a Lacerdina corrigiu mal para "a minha". Em qualquer dos casos, o primeiro "minha", no verso 23, refere-se à janela da casa de Gonzaga, donde se avistava a Casa Grande, onde morava Marília.

Tu dirás: — Não foi tirana
Somente comigo a sorte;
Também cortou, desumana,
A mais fiel união.
Mandarás aos surdos deuses
Novos suspiros em vão.

*

Numa masmorra metido,
Eu não vejo imagens destas,
Imagens, que são por certo
A quem adora funestas.
Mas se existem, separadas
Dos inchados, roxos olhos,
Estão, que é mais, retratadas
No fundo do coração.
Também mando aos surdos deuses
Tristes suspiros em vão.

## Lira XIII

Vês, Marília, um cordeiro
De flores enramado,
Como alegre caminha
A ser sacrificado?
O povo para o templo já concorre;
A pira sacrossanta já se acende;
O ministro o fere: ele bala e morre.

*

Vês agora o novilho,
A quem segura o laço?
No chão as mãos especa,
Nem quer mover um passo.
Não conhece que sai de um mau terreno,
Que o forte pulso, que a seguir o arrasta,
O conduz a viver num campo ameno.

*

Ignora o bruto como
Lhe dispomos a sorte:
Um vai forçado à vida,
Vai outro alegre à morte.
Nós temos, minha bela, igual demência:
Não sabemos os fins, com que nos move
A sábia, oculta mão da Providência.

*

De Jacó ao bom filho
Os maus matar quiseram;
De conselho mudaram:
Como escravo o venderam.
José não corre a ser um servo aflito:
Vai subindo os degraus, por onde chega
A ser um quase rei no grande Egito.

*

Quem sabe se o Destino
Hoje, ó bela, me prende,
Só porque nisto de outros
Mais danos me defende?
Pode ainda[1] raiar um claro dia:
Mas quer raie, quer não, ao céu adoro
E beijo a santa mão, que assim me guia.

## Lira XIV[1a]

Alma digna de mil avós augustos!
Tu sentes, tu soluças,
Ao ver cair os justos;

---

[1] "Ainda", L, $N^3$; "inda", $N^2$. A lição "ainda" é indispensável à medida do verso.

[1a] Esta lira teria sido endereçada ao Visconde de Barbacena, velho amigo de Gonzaga. Não havia em Minas ninguém de quem se pudessem referir

Honras as santas leis da Humanidade;
E aos teus exemplos deve
Gravar com letras de oiro no seu templo
A cândida amizade.

*

Não é, não é de herói uma alma forte,
Que vê com rosto enxuto
No seu igual a morte.
Não é também de herói um peito duro,
Que a sua glória firma
Em que lhes não resiste ao ferro e fogo
Nem legião, nem muro.

*

---

"os mil avós augustos", a não ser Barbacena, descendente duma antiga e ilustre família. Além disso, a lira dirige-se a um chefe, um chefe humano que sabia honrar na adversidade o seu contrário, o homem que vencera em justa pugna. Evidentemente Barbacena. Esse chefe piedoso morava em Minas. Não podia deixar de ser o governador da capitania, que se vira obrigado a proceder contra os conjurados, por dever de ofício, mas sinceramente lastimando a sorte de alguns amigos implicados na conspiração. O próprio Barbacena o diz em carta escrita a 16 de fevereiro de 1790 ao ministro português Martinho de Melo e Castro: "Ninguém no seu particular se compadece mais de todos aqueles infelizes, que em razão do cargo, da minha honra e do desvelo e afeto com que me emprego no serviço de Sua Majestade me vi obrigado a perder, nunca sem mágoa e algumas vezes com sacrifícios bem duros do meu coração". Almas vis, delatores sem escrúpulos não hesitaram em propalar que Gonzaga exigia a cabeça do governador. Esta lira e a outra que lhe é dirigida mais adiante (lira XXIII, Parte II) são a melhor prova de que a amizade dos dois se manteve, "apesar dos estorvos" e da confusão dos primeiros momentos.

Baseado nas duas últimas estrofes, o crítico brasileiro Afonso Pena Júnior entendia que a lira não podia ser endereçada ao Barbacena e sugeriu o nome do intendente do Ouro, Francisco Gregório Pires Monteiro Bandeira (*Jornal do Comércio*, 29 de junho de 1941). Contudo, neste último não concorreriam as condições que a lira evidencia: o ser chefe e o ter na família "mil avós augustos". A nobreza dos Bandeiras era relativamente recente. Quanto a nós, o que provam as duas estrofes é que a amizade de Gonzaga e Barbacena era mais íntima do que se supõe. A benignidade e a cultura superior de Barbacena fizeram um momento supor que ele era simpatizante com as ideias da independência. E talvez fosse... Gonzaga parece aludir a isso nesse final de estrofe.

Oh! quanto ousado chefe me namora,
Quando vê a cabeça
Do bom Pompeu e chora!
É grande para mim quem move os passos,
E de Dario aos filhos,
Que como escravos seus tratar pudera,
Recebe nos seus braços.

*

Se alcança Eneias, capitão piedoso,
Entre os heróis do mundo
Um nome glorioso,
Não é porque levanta uma cidade;
É, sim, porque nos ombros
Salvou do incêndio ao pai, a quem detinha
A mão da branca idade.[2]

*

Ah! se ao meu contrário entre as chamas vira,
Eu mesmo, sim, da morte
Aos ombros o remira;
Inda por ele muito mais obrara;
E, se nada servisse,
Fizera então, amigo, o que fizeste:
Gemera e suspirara.

*

Oh! quanto são duráveis as cadeias
De uma amizade, quando
Se dão iguais ideias!
Se, apesar dos estorvos, se sustinha
Nossa união sincera,
Foi por ser a minha alma igual à tua,
E a tua igual à minha.

*

[2] "Branca idade", N[2], N[3]; "longa idade", L.

Se ó caro amigo te merece tanto,
Lá lhe fica a sua alma,
Limpa-lhe o terno pranto.
De quem eu falo, és tu, Marília bela.
Ah! sim, honrado amigo,
Se enxugar não puderes os seus olhos,
Pranteia então com ela.

## Lira XV

Eu, Marília, não fui nenhum vaqueiro,
Fui honrado pastor da tua aldeia;
Vestia finas lãs e tinha sempre
A minha choça do preciso cheia.
Tiraram-me o casal e o manso gado,
Nem tenho a que me encoste um só cajado.

*

Para ter que te dar, é que eu queria
De mor rebanho ainda ser o dono;
Prezava o teu semblante, os teus cabelos
Ainda muito mais que um grande trono.
Agora que te oferte já não vejo,
Além de um puro amor, de um são desejo.

*

Se o rio levantado me causava,
Levando a sementeira, prejuízo,
Eu alegre ficava, apenas via
Na tua breve boca um ar de riso.
Tudo agora perdi; nem tenho o gosto
De ver-te ao menos compassivo o rosto.

*

Propunha-me dormir no teu regaço
As quentes horas da comprida sesta,
Escrever teus louvores nos olmeiros,
Toucar-te de papoilas na floresta.

Julgou o justo céu que não convinha
Que a tanto grau subisse a glória minha.

*

Ah! minha bela, se a fortuna volta,
Se o bem, que já perdi, alcanço e provo,
Por essas brancas mãos, por essas faces
Te juro renascer um homem novo,
Romper a nuvem, que os meus olhos cerra,
Amar no céu a Jove e a ti na terra!

*

Fiadas comprarei as ovelhinhas,
Que pagarei dos poucos do meu ganho;
E dentro em pouco tempo nos veremos
Senhores outra vez de um bom rebanho.
Para o contágio lhe não dar, sobeja
Que as afague Marília, ou só que as veja.

*

Se não tivermos lãs e peles finas,
Podem mui bem cobrir as carnes nossas
As peles dos cordeiros mal curtidas,
E os panos feitos com as lãs mais grossas.
Mas ao menos será o teu vestido
Por mãos de amor, por minhas mãos cosido.

*

Nós iremos pescar na quente sesta
Com canas e com cestos os peixinhos;
Nós iremos caçar nas manhãs frias
Com a vara envisgada os passarinhos.
Para nos divertir faremos quanto
Reputa o varão sábio, honesto e santo.

*

Nas noites de serão nos sentaremos
C'os filhos, se os tivermos, à fogueira:
Entre as falsas histórias, que contares,
Lhes contarás a minha, verdadeira.

Pasmados te ouvirão; eu, entretanto,
Ainda o rosto banharei de pranto.

*

Quando passarmos juntos pela rua,
Nos mostrarão c'o dedo os mais pastores,
Dizendo uns para os outros: — Olha os nossos
Exemplos da desgraça e sãos amores.
Contentes viveremos desta sorte,
Até que chegue a um dos dois a morte.

## Lira XVI

Vejo, Marília,
Que o nédio gado
Anda disperso
No monte e prado;
Que assim sucede
Ao desgraçado,
Que a perder chega
O seu pastor.
Mas inda sofro
A viva dor.

*

Também conheço,
Que os pegureiros,
Que apascentavam
Os meus cordeiros,
Darão suspiros,
E verdadeiros,
Porque perderam
Um pai no amor.
Mas inda sofro
A viva dor.

*

Eu mais alcanço
Que a minha herdade,
Estando eu preso,
Sofrer não há de,
Nem a charrua
E nem a grade,
Que a mão lhe falta
Do lavrador.
Mas inda sofro
A viva dor.

*

Mas quando sobe
À minha ideia
Que tu ficaste
Lá nessa aldeia,
De mil cuidados
E mágoa cheia,
Das paixões minhas
Não sou senhor.
Eu já não sofro
A viva dor.

*

A quanto chega
A pena forte!
Pesa-me a vida,
Desejo a morte,
A Jove acuso,
Maldigo a sorte,
Trato a Cupido
Por um traidor.
Eu já não sofro
A viva dor.

*

Mas este excesso
Perdão merece,
E dele Jove

Se compadece:
Que Jove, ó bela,
Mui bem conhece
Aonde chega
Paixão de amor.
Eu já não sofro
A viva dor.

## Lira XVII[1]

Dirceu te deixa, ó bela,
De padecer cansado;
Frio suor já banha
Seu rosto descorado;
O sangue já não gira pela veia;
Seus pulsos já não batem,
E a clara luz dos olhos se baceia:
A lágrima sentida já lhe corre;
Já para a convulsão, suspira e morre.

*

Seu espírito chega
Onde se pune o erro:
Late o cão, e se lhe abrem
Grossos portões de ferro.
Aos severos juízes se apresenta,
E com sentidas vozes
Toda a sua tragédia representa:
Enche-se de ternura e novo espanto
O mesmo inexorável Radamanto.

*

[1] Gonzaga precipita em versos o seu julgamento, figurando-se comparecer perante os juízes infernais, que, naturalmente, o absolvem. Todos os condenados no Inferno a penas eternas, Sísifo, Tântalo e Tício, detinham-se pasmados de tão grande injustiça.

Abre um, pasmado, a boca,
E a pedra não despede;
Outro já não se lembra
Da fome e mais da sede;
Descansa o curvo bico e a garra ímpia
Negro abutre esfaimado;
Nem na roca medonha a Parca fia.
Até as mesmas Fúrias inclementes
Deixam cair das unhas as serpentes.

*

Já votam[2] os juízes;
E o rei Plutão lhe ordena
Deixe o sítio, em que ficam
Almas dignas de pena.
Já sai do escuro reino, e da memória
Lhe passa tudo quanto
Ou pode dar-lhe mágoa, ou dar-lhe glória;
Só, bem que o gosto às turvas águas tome,
Inda, Marília, inda diz teu nome.

*

Entra já nos Elíseos,
Campinas venturosas,
Que mansos rios cortam,
Que cobrem sempre as rosas.
Escuta o canto das sonoras aves,
E bebe as águas puras,
Que o mel e do que o leite mais suaves.[3]
— Aqui — diz ele — espero a minha bela,
Aqui contente viverei com ela.

*

---

[2] "Voltam", N[3]; "votam", N[2], L.

[3] Há por vezes em Gonzaga destes versos feios, desmanchados pelo artifício do hipérbato. Nos dois últimos versos da lira seguinte nota-se o mesmo efeito desastroso.

Aqui... porém aonde
Me leva a dor ativa?
É ilusão desta alma;
Jove inda quer que eu viva.
Eu devo, sim, gozar teus doces laços;
E em paga de meus males,
Devo morrer, Marília, nos teus braços;
Então eu passarei ao reino amigo,
E tu irás depois lá ter comigo.

## Lira XVIII

Não molho, Marília,
De pranto a masmorra
Que o terno Cupido
Não voe e não corra
A i-lo apanhar.
Estende-o nas asas,
Sobre ele suspira,
Por fim se retira,
E vai-to levar.

*

Se o moço não mente,
Aos tristes gemidos,
Aos ais lastimosos
Não guardes unidos,
Marília, c'os teus;
As lágrimas nossas
No seio amontoa,
Forma asas e voa,
Vai pô-las nos céus.

*

A deusa formosa,
Que amava aos troianos,
Livrá-los querendo

De riscos e danos,
A Jove buscou.
As águas, que o rosto
Da deusa banharam,
A Jove abrandaram,
E assim os salvou.

*

Confia-te, ó bela,
Confia-te em Jove;
Ainda se abranda,
Ainda se move
Com ânsias de amor.
O pranto de Vênus,
Que obrou no pai tanto,
Não tem que o teu pranto
Apreço maior.

## Lira XIX

Nesta triste masmorra,
De um semivivo corpo sepultura,
Inda, Marília, adoro
A tua formosura.
Amor na minha ideia te retrata;
Busca, extremoso, que eu assim resista
À dor imensa, que me cerca e mata.

*

Quando em meu mal pondero,
Então mais vivamente te diviso:
Vejo o teu rosto e escuto
A tua voz e riso.
Movo ligeiro para o vulto os passos:
Eu beijo a tíbia luz em vez de face,
E aperto sobre o peito em vão os braços.

*

Conheço a ilusão minha;
A violência da mágoa não suporto;
Foge-me a vista e caio,
Não sei se vivo ou morto.
Enternece-se Amor de estrago tanto;
Reclina-me no peito, e, com mão terna,
Me limpa os olhos do salgado pranto.

*

Depois que represento
Por largo espaço a imagem de um defunto,
Movo os membros, suspiro,
E onde estou pergunto.
Conheço então que Amor me tem consigo;
Ergo a cabeça, que inda mal sustento,
E com doente voz assim lhe digo:

*

— Se queres ser piedoso,
Procura o sítio em que Marília mora,
Pinta-lhe o meu estrago,
E vê, Amor, se chora.
Se a lágrimas verter a dor a arrasta.
Uma delas me traze sobre as penas,
E para alívio meu só isto basta.

## Lira XX

Se me visses com teus olhos
Nesta masmorra medito,
De mil ideias funestas
E cuidados combatido,
Qual seria, ó minha bela,
Qual seria o teu pesar!

*

À força da dor cedera,
E nem estaria vivo,

Se o menino deus vendado,
Extremoso e compassivo,
Com o nome de Marília
Não me viesse animar.

*

Deixo a cama ao romper d'alva;
O meio-dia tem dado,
E o cabelo ainda flutua
Pelas costas desgrenhado.
Não tenho valor, não tenho,
Nem para de mim cuidar.

*

Diz-me Cupido: — E Marília
Não estima esse cabelo?
Se o deixas perder de todo,
Não se há de enfadar ao vê-lo?
Suspiro, pego no pente,
Vou logo o cabelo atar.

*

Vem um tabuleiro entrando
De vários manjares cheio;[1]
Põe-se na mesa a toalha,
E eu pensativo passeio;
De todo o comer esfria,
Sem nele poder tocar.

*

— Eu entendo que matar-te —
Diz Amor — te tens proposto.
Fazes bem; terá Marília
Desgosto sobre desgosto.

---

[1] Por muito dura que fosse a prisão, Gonzaga não era maltratado. Embora não tenhamos a lista das iguarias, sabemos pelo menos que o tabuleiro vinha cheio de vários manjares e que comia sobre toalha. Os seus parentes do Rio de Janeiro não o deixariam abandonado e procurariam mitigar-lhe certamente os rigores da prisão.

Qual enfermo c'o remédio,
Me aflijo, mas vou jantar.

*

Chegam as horas, Marília,
Em que o sol já se tem posto;
Vem-me à memória que nelas
Via à janela o teu rosto:
Reclino na mão a face,
E entro de novo a chorar.

*

Diz-me Cupido: — Já basta,
Já basta, Dirceu, de pranto;
Em obséquio de Marília
Vai erguer teu doce canto.
Pendem as fontes dos olhos,
Mas eu sempre vou cantar.

*

Vem o forçado acender-me
A velha, suja candeia:
Fica, Marília, a masmorra
Inda mais triste e mais feia.
Nem mais canto, nem mais posso
Uma só palavra dar.

*

Diz-me Cupido: — São horas
De escrever-se o que está feito.
Do azeite e da fumaça
Uma nova tinta ajeito;
Tomo o pau, que pena finge,
Vou as liras copiar.

*

Sem que chegue o leve sono,
Canta o Galo a vez terceira;
Eu digo ao Amor que fico
Sem deitar-me a noite inteira;

Faço mimos e promessas
Para ele me acompanhar.

*

Ele diz que em dormir cuide,
Que hei de ver Marília em sonho;
Não respondo uma palavra;
A dura cama componho,
Apago a triste candeia,
E vou-me logo deitar.

*

Como pode a tais cuidados
Resistir, ó minha bela,
Quem não tem de Amor a graça?
Se eu, que vivo à sombra dela,
Inda vivo desta sorte,
Sempre triste a suspirar?

## Lira XXI

Que diversas que são, Marília, as horas,
Que passo na masmorra imunda e feia,
Dessas horas felizes,[1] já passadas
Na tua pátria aldeia!

*

Então eu me ajuntava com Glauceste;
E à sombra de alto cedro na campina
Eu versos te compunha e ele os compunha
À sua cara Eulina.

*

Cada qual o seu canto nos astros leva;
De exceder um ao outro qualquer trata;

---

[1] "Felices", em $N^3$ e L; "felizes", em $N^2$ e no ms. da Mesa Censória. Note-se que "felices" é vocábulo alatinado, ainda muito frequente na época.

O eco agora diz: “Marília terna”;
E logo: “Eulina ingrata”.
*
Deixam os mesmos sátiros as grutas:
Um para nós ligeiro move os passos,
Ouve-nos de mais perto e faz a flauta
C’os pés em mil pedaços.
*
Dirceu — clama um pastor — ah! bem merece
Da cândida[2] Marília a formosura.
— E aonde — clama o outro — quer Eulina
Achar maior ventura?
*
Nenhum pastor cuidava do rebanho,
Enquanto em nós durava esta porfia;
E ela, ó minha amada, só findava
Depois de acabar-se o dia.[3]
*
À noite te escrevia na cabana
Os versos, que de tarde havia feito;
Mal tos dava e os lias, os guardavas
No casto e branco peito.
*
Beijando os dedos dessa mão formosa,
Banhados com as lágrimas do gosto,
Jurava não cantar mais outras graças
Que as graças do teu rosto.
*

---

[2] No ms. da Mesa Censória, N[2] e N[3] vem “terníssima Marília”, que faz cacofonia e tem mais uma sílaba. Seguimos por isso a edição Lacerdina de 1811.

[3] O verso tem mais uma sílaba. Assim vem no ms. da Mesa Censória, N[2], N[3] e L. Não nos parece, contudo, que Gonzaga, bom artífice do verso, tivesse cometido um erro de metrificação. A verdadeira lição seria talvez: “ao acabar-se o dia”.

Ainda não quebrei o juramento;
Eu agora, Marília, não as canto;
Mas inda vale mais os doces versos
A voz do triste pranto.

## Lira XXII

Por morto, Marília,
Aqui me reputo:
Mil vezes escuto
O som do arrastado,
E duro grilhão.
Mas ah! que não treme,
Não treme de susto
O meu coração!

*

A chave lá soa
Na porta segura:
Abre-se a escura,
Infame masmorra
Da minha prisão.
Mas ah! que não treme,
Não treme de susto
O meu coração!

*

Já Torres[1] se assenta;
Carrega-me o rosto;
Do crime suposto
Com mil artifícios
Indaga a razão.

---

[1] Torres era o juiz que presidia aos interrogatórios da Fortaleza da Ilha das Cobras — o desembargador José Pedro Machado Coelho Torres. Esta estrofe, considerada desrespeitosa para a autoridade judicial, não figura no ms. da Mesa Censória nem em $N^2$; apareceu em $N^3$.

Mas ah! que não treme,
Não treme de susto
O meu coração!

*

Eu vejo, Marília,
A mil inocentes
Nas cruzes pendentes,
Por falsos delitos,
Que os homens lhes dão.
Mas ah! que não treme,
Não treme de susto
O meu coração!

*

Se penso que posso
Perder o gozar-te,
A glória de dar-te
Abraços honestos
E beijos na mão,
Marília, já treme,
Já treme de susto
O meu coração!

*

Repara, Marília,
O quanto é mais forte
Ainda que a morte,
Num peito esforçado,
De amor a paixão.
Marília, já treme,
Já treme de susto
O meu coração!

## Lira XXIII[1]

Não praguejes, Marília, não praguejes
A justiceira mão, que lança os ferros;
Não traz debalde a vingadora espada;
Deve punir os erros.

*

Virtudes de juiz, virtudes de homem
As mãos se deram e em seu peito moram.
Manda prender ao réu, austera a boca,
Porém seus olhos choram.

*

Se à inocência denigre a vil calúnia,
Que culpa aquele tem que aplica a pena?
Não é o julgador, é o processo
E a lei quem nos condena.

*

Só no Averno os juízes recebem
Acusação nem prova de outro humano;
Aqui todos confessam suas culpas,
Não pode haver engano.

*

Eu vejo as Fúrias afligindo aos tristes:
Uma o fogo chega, outra as serpes move;
Todos maldizem, sim, a sua estrela,
Nenhum acusa a Jove.

*

[1] É a segunda lira dedicada ao Visconde de Barbacena, esta sem sombra de dúvida, pois o seu nome é citado no final. Gonzaga, magistrado, compreendia perfeitamente a atitude constrangida do amigo, mandando-o prender em nome duma imperiosa razão de Estado. Por isso o louva. A sua inocência, julgava ele, deveria ressaltar do processo. Tudo fez aliás para isso, empregando uma habilidade rara, não comprometendo ninguém, como fizeram os seus melhores amigos. Tudo foi em vão. Note-se que a última estrofe, onde vem o nome de Barbacena, não figura no ms. da Mesa Censória nem na primeira edição. Acaso julgariam comprometer o nome do Visconde, ligando-o de amizade a um dos réus principais?

Eu também inda adoro ao grande chefe,
Bem que a prisão me dá, que eu não mereço.
Qual eu sou, minha bela, não me trata,
Trata-me qual pareço.

*

Quem suspira, Marília, quando pune[2]
Ao vassalo, que julga delinquente,
Que gosto não terá, podendo dar-lhe
As honras de inocente?

*

Tu vences, Barbacena, aos mesmos Titos
Nas sãs virtudes, que no peito abrigas:
Não honras tão somente a quem premeias,
Honras a quem castigas.

## Lira XXIV

Eu vou, Marília, vou brigar co'as feras!
Umas soltaram, eu lhe sinto os passos;
Aqui, aqui a espero
Nestes despidos braços.
É um malhado tigre; a mim já corre,
Ao peito o aperto, estalam-lhe as costelas,
Desfalece, cai, urra, treme e morre.[1]

*

[2] Veja-se o que dissemos em nota à lira XIV (Parte II) sobre o procedimento de Barbacena, tomado entre o dever e a amizade. Gonzaga sabia que o amigo foi obrigado a punir com dor no coração; e esperaria, naturalmente, interessá-lo pela sua morte.

[1] Esta sucessão de formas verbais num mesmo verso era particularmente cultivada por Cláudio Manuel da Costa, em cujas obras se podem respingar mais de uma vintena de exemplos. Em Gonzaga, além do verso 14 desta lira, "açoita o chão, convulso, arqueja e expira", há outra amostra na lira XXVII (Parte I), verso 4: "cerca, vence, abrasa".

Vem agora um leão: sacode a grenha,
Com faminta paixão a mim se lança;
Venha embora, que o pulso
Ainda não se cansa.
Oprimo-lhe a garganta, a língua estira,
O corpo lhe fraqueia, os olhos incham,
Açoita o chão, convulso, arqueja e expira.

*

Mas que vejo, Marília? Tu te assustas?
Entendes que os destinos, inumanos,
Expõem a minha vida
No cerco dos romanos?
Com ursos e com onças eu não luto:
Luto c'o bravo monstro que me acusa,
Que os tigres e leões mais fero e bruto.

*

Embora contra mim, raivoso, esgrima
Da vil calúnia a cortadora espada,
Uma alma, qual eu tenho,
Não se receia a nada.
Eu hei de, sim, unir-lhe a insolência,
Pisar-lhe o negro colo, abrir-lhe o peito
Co'as armas invencíveis da inocência.

*

Ah! quando imaginar (que vingativo
Mando!) que desça ao Tártaro profundo,
Hei de com mão honrada
Erguer-lhe o corpo imundo.
Eu então lhe direi: — Infame, indino,
Obras como costuma o vil humano;
Faço o que faz um coração divino.

## Lira XXV

Minha Marília,
O passarinho,
A quem roubaram
Ovos e ninho,
Mil vezes pousa
No seu raminho;
Piando finge
Que anda a chorar.
Mas logo voa
Pela espessura,
Nem mais procura
Este lugar.

*

Se acaso a vaca
Perde a vitela,
Também nos mostra
Que se desvela:
O pasto deixa,
Muge por ela,
Até na estrada
A vem buscar.
Em poucos dias,
Ao que parece,
Dela se esquece,
E vai pastar.

*

O voraz tempo,
Que o ferro come,
Que aos mesmos reinos
Devora o nome,
Também, Marília,
Também consome
Dentro do peito
Qualquer pesar.

Ah! só não pode
Ao meu tormento
Por um momento
Alívio dar!
*
Também, ó bela,
Não há quem viva
Instantes breves
Na chama ativa;
Derrete ao bronze,
Sendo excessiva,
Ao mesmo seixo
Faz estalar.
Mas do amianto
A febra dura
Na chama atura
Sem se queimar.
*
Também, Marília,
Não há quem negue
Que, bem que o fogo
Nos óleos pegue,
Que, bem que em línguas
Às nuvens chegue,
À força d'água
Se há de apagar.
Se a negra pedra
Nós acendemos,
Com água a vemos
Mais s'inflamar.
*
O meu discurso,
Marília, é reto;
A pena iguala
Ao meu afeto;
O amor, que nutro

Ao teu aspecto
E ao teu semblante,
É singular.
Ah! nem o tempo,
Nem inda a morte
A dor tão forte
Pode acabar!

## Lira XXVI

Aquele a quem fez cego a Natureza,
C'o bordão apalpa[1] e aos que veem pergunta;
Ainda se despenha muitas vezes,
E dois remédios junta![2]

*

De ser cega a Fortuna eu não me queixo,
Sim me queixo de que má cega seja:
Cega, que nem pergunta nem apalpa,
É porque errar deseja.

*

A quem não tem virtudes, nem talentos,[3]
Ela, Marília, faz de um cetro dono;
Cria num pobre berço uma alma digna
De se sentar num trono.

*

A quem gastar não sabe nem se anima
Entrega as grossas chaves de um tesoiro;

---

[1] "Apalpa", no ms. da Mesa Censória e N²; "palpa", N³, L. "Apalpa" é aliás a forma que o poeta emprega logo na estrofe seguinte.

[2] Entendam-se os dois últimos versos da estrofe: "ainda cai muitas vezes, apesar de ter esses dois recursos".

[3] Versos 9-12: esta estrofe, atentatória contra o prestígio da realeza e com forte cheiro a filosofismo, não figura no ms. da Mesa Censória nem nas edições N² e N³. Apareceu na Lacerdina de 1811.

E lança na miséria a quem conhece
Para que serve o oiro.
*
A quem fere, a quem rouba, a infame deixa
Que atrás do vício em liberdade corra;
Eu honro as leis do império, ela me oprime
Em esta vil masmorra.[4]
*
Mas ah! minha Marília, que esta queixa
Co'a sólida razão se não coaduna!
Como me queixo da Fortuna tanto,
Se sei não há Fortuna?
*
Os fados, os destinos, essa deusa,
Que os sábios fingem que uma roda move,
É só a oculta mão da Providência,
A sábia mão de Jove.
*
Nós é que somos cegos, que não vemos
A que fins nos conduz por estes modos;
Por torcidas estradas, ruins varedas[5]
Caminha ao bem de todos.
*
Alegre-se o perverso com as ditas,
C'o seu merecimento o virtuoso;
Parecer desgraçado, ó minha bela,
É muito mais honroso.

---

[4] "Nesta vil masmorra", no ms. da Censura, $N^2$, $N^3$, L. Gonzaga teria escrito "em esta vil masmorra", pondo em evidência a preposição para obter certo efeito expressivo. O mesmo expediente ocorre na lira I (Parte III), verso 149, "em o seu tesouro". Também poderíamos supor, mas não é tão provável, dada a unanimidade das edições, que houvesse erro de cópia, estando "vil" por "cruel" ou "horrível". De qualquer maneira, não podemos admitir que dentro da prisão tivesse esquecido a arte de contar as sílabas.

[5] "Varedas", ms. da Mesa Censória, $N^2$, $N^3$ e L. A forma "varedas", por "veredas", deve-se à conhecida influência do "r".

## Lira XXVII[1]

A minha amada
É mais formosa
Que branco lírio,
Dobrada rosa,
Que o cinamomo,
Quando matiza
Co'a folha a flor.
Vênus não chega
Ao meu amor.

*

Vasta campina,
De trigo cheia,
Quando na sesta
Co' vento ondeia,
Ao seu cabelo,
Quando flutua,
Não é igual.
Tem a cor negra,
Mas quanto val!

*

Os astros, que andam
Na esfera pura,
Quando cintilam
Na noite escura,
Não são, humanos,
São lindos como
Seus olhos são,
Que ao sol excedem
Na luz que dão.

*

[1] Lindíssimo retrato da amada, de cores vivas, sensuais, exóticas. Nunca Gonzaga, quando estava junto de Marília, a pintou tão belamente. Dir-se-ia que foi preciso a treva de um cárcere para a ver em todo o esplendor de sua formosura.

Às brancas faces
Ah! não se atreve
Jasmim de Itália,
Nem inda a neve,
Quando a desata
O sol brilhante
Com seu calor.
São neve, e causam
No peito ardor.

*

Na breve boca
Vejo enlaçadas
As finas per'las
Com as granadas;
A par dos beiços,
Rubins da Índia
Tem preço vil.
Neles se agarram
Amores mil.

*

Se não lhe desse,
Compadecido,
Tanto socorro
O deus Cupido;
Se não vivera
Uma esperança
No peito seu,
Já morto estava
O bom Dirceu.

*

Vê quanto pode
Teu belo rosto,
E de gozá-lo,
O vivo gosto!
Que, submergido
Em um tormento

Quase infernal,
Porqu'inda espero,
Resisto ao mal.

## Lira XXVIII

Detém-te, vil humano,
Não espremas cicutas
Para fazer-me dano.
O sumo que elas dão é pouco forte:
Procura outras bebidas,
Que apressem mais a morte.

*

Desce ao reino profundo,
Ajunta aí venenos,
Que nunca visse o mundo;
Traze o negro licor, que tem nos dentes,
Nos dentes retorcidos
As raivosas serpentes.

*

Cachopo levantado,
Que pôs a Natureza
Dentro no mar salgado,
Não se abala no meio da tormenta,
Bem que uma onda e outra onda
Sobre ele em flor rebenta.

*

Árvore, que na terra
As robustas raízes,
Buscando o centro, aferra,
Não teme ao furacão mais violento;
E menos, se se deixa
Vergar do rijo vento.

*

Sou tronco e rocha, ó bela,
Que açoita o sul, que brama,
E o mar, que se encapela.
Não temas que do rosto a cor se mude;
Vence as rochas e os troncos
A sólida virtude.

*

A maior desventura
É sempre a que nos lança
No horror da sepultura;
O cobarde a morrer também caminha;
Com que males não pode
Uma alma como a minha?

## Lira XXIX

Eu descubro procurar-me
Gentil mancebo e loiro;
Trazia a testa adornada
Com folhas de verde loiro.
Vejo ser o pai das Musas,
E me entrega a lira d'oiro.

*

Já basta — me diz — ó filho,
Já basta de sentimento;
O cansado peito exige
Um breve contentamento:
Louva a formosa Marília
Ao som do meu instrumento.

*

Firo as cordas; mas que importa?
A dor não sossega em tanto.
Ergo a voz; então reparo
Que, quanto mais corre o pranto,

É mais doce e mais sonoro
Meu terno e saudoso canto.
*
Apolo fitou os olhos
Na mão, que regia o braço;
E, depois de estar suspenso,
De me ouvir um largo espaço,
Assim diz: — O deus Cupido
Faz inda mais do que eu faço.
*
Eu te dou a lira:
Louva, louva a tua bela;
Porém vê que ta concedo
Com condição e cautela...
Eu lhe corto a voz, dizendo
Que só canto em honra dela.

## Lira XXX

O pai das Musas,
O pastor loiro
Deu-me, Marília,
Para cantar-te
A lira de oiro.
*
As cordas firo;
O brando vento
Teus dotes leva
Nas brancas asas
Ao firmamento:
*
*O teu cabelo*
*Vale um tesoiro;*
*Um só me adorna*

*A sábia frente*
*Melhor que o loiro.*

*

*Nesses teus olhos*
*Amor assiste;*
*Deles faz guerra;*
*Ninguém lhe foge,*
*Ninguém resiste.*

*

*Algumas vezes*
*Eu o diviso,*
*Também oculto*
*Nas lindas covas*
*Que faz teu riso.*

*

*Nesses teus peitos*
*Têm os meus ninhos*
*Destros amores;*
*Neles se geram*
*Os Cupidinhos.*

*

*Vence a Vênus,*
*Quando com arte*
*As armas toma,*
*Por que mais prenda*
*Ao fero Marte.*

*

Eu produzia
Estas ideias,
Quando, Marília,
O som escuto
Das vis cadeias.

*

Dou um suspiro,
Corre o meu pranto;
E, inda bebendo

Lágrimas tristes,
De novo canto:
*
*Sou da constância*
*Um vivo exemplo;*
*E vós, ó ferros,*
*Honrareis inda*
*De Amor o templo.*

## Lira XXXI[1]

Roubou-me, ó minha amada, a sorte ímpia
Quanto de meu gozava
Num só funesto dia:
*
Honras de maioral, manada grossa,
Fértil, extensa herdade,
Bem reparada choça.
*
Meteu-me nesta infame sepultura,
Que é sepulcro sem honras,
Breve masmorra, escura.
*
Aqui, ó minha amada, nem consigo
Venha outro desgraçado
Sentir também comigo.
*
Mas se esta companhia não mereço,
Os deuses me dão outra,
Inda de mais apreço.
*

[1] A lira dá-nos a certeza de que Gonzaga recebia na prisão cartas de Marília. Estava talvez já nos cárceres da Ordem Terceira, no Rio, onde o rigor seria menor. Aliás sabe-se que Alvarenga Peixoto, apesar da incomunicabilidade legal, também entretinha correspondência epistolar com sua mulher.

Não é, não, ilusão o que te digo;
Tu mesma me acompanhas;
Peno, mas é contigo.
*
Não vejo as tuas faces graciosas,
Os teus soltos cabelos,
As tuas mãos mimosas.
*
Se eu as visse, infeliz me não dissera,
Bem que subira ao potro,
Bem que na cruz pendera.
*
Não ouço as tuas vozes magoadas,
Com ardentes suspiros
Às vezes malformadas.
*
Mas vejo, ó cara, as tuas letras belas;
Uma por uma beijo,
E choro então sobre elas.
*
Tu me dizes que siga o meu destino;
Que o teu amor, na ausência,
Será leal e fino.
*
De novo a carta ao coração aperto,
De novo a molha o pranto,
Que de ternura verto.
*
Ah! leve muito embora o duro fado
A tudo quanto tenho
Com meu suor ganhado!
*
Eu juro que do roubo nem me queixe,
Contanto, ó minha cara,
Que este só bem me deixe.
*

Que males voluntários não subiram[2]
Os que te amam, somente
Por que [ao] menos te ouviram?

*

Dê pois aos mais seus bens a deusa cega;
Que eu tenho aquela glória,
Que a mil felizes nega.

## Lira XXXII

Se o vasto mar se encapela,
E na rocha em flor rebenta,
Grossa nau, que não tem leme,
Em vão sustentar-se intenta;
Até que naufraga e corre
À discrição da tormenta.

*

Quem não tem uma beleza,
Em que ponha o seu cuidado,
Se o céu se cobre de nuvens,
E se assopra o vento irado,
Não tem forças que resistam
Ao impulso do seu fado.

*

---

[2] Versos 43-5: o sentido desta estrofe está confuso: não se sabe bem se alude a Marília, se a Fortuna. Parece-nos que o último verso deverá ser lido: "por que ao menos te ouviram". Nesse caso, propomos esta interpretação: "que males voluntários não suportariam os que te amam, só para que ao menos tivessem a sorte de ouvir uma palavra da tua boca!". Quer o poeta dizer que o ver e sentir uma carta sua já era uma grande felicidade; ouvir Marília, isto é, tê-la na sua presença, seria o cúmulo da ventura. Seria mais lógico que os verbos estivessem no singular ("subira", "ama", "ouvira"), referidos a Gonzaga; mas é possível que a carta de Marília interessasse a outros prisioneiros. Note-se o emprego afrancesado de "subir" = "suportar", "sofrer". Norberto de Sousa corrigiu para "sentiram". Sem razão, porque Alvarenga Peixoto também usa o galicismo: "E vês a sangue-frio, ó povo vário, /*Subir* Marcelo as prescrições de Mário". (*Obras Poéticas*, 229.)

Nesta sombria masmorra,
Aonde, Marília, vivo,
Encosto na mão o rosto,
Fico às vezes pensativo.
Ah! que imagens tão funestas
Me finge o pesar ativo!

*

Parece que vejo a honra,
Marília, toda enlutada;
A face de um pai, rugosa,
Num mar de pranto banhada;
Os amigos macilentos,
E a família consternada.

*

Quero voltar os meus olhos
Para outro diverso lado:
Vejo numa grande praça
Um teatro levantado;
Vejo as cruzes, vejo os potros,
Vejo o alfanje afiado.

*

Um frio suor me cobre,
Lassam-se os membros, suspiro;
Busco alívio às minhas ânsias,
Não o descubro, deliro.
Já, meu bem, já me parece,
Que nas mãos da morte expiro.

*

Vem-me então ao pensamento
A tua testa nevada,
Os teus meigos, vivos olhos,
A tua face rosada,
Os teus dentes cristalinos,
A tua boca engraçada.

*

Qual, Marília, a estrela d'alva,
Que a negra noite afugenta;
Qual o sol, que a névoa espalha,
Apenas a terra aquenta;
Ou qual íris, que o céu limpa,
Quando se vê na tormenta,

*

Assim, Marília, desterro
Triste ilusão e demência;
Faz de novo o seu ofício
A razão e a prudência;
E firmo esperanças doces
Sobre a cândida inocência.

*

Restauro as forças perdidas,
Sobe a viva cor ao rosto,
Gira o sangue pela veia
E bate o pulso, composto.
Vê, Marília, o quanto pode
Contra os meus males teu rosto!

## Lira XXXIII[1]

Morri, ó minha bela:
Não foi a Parca ímpia,
Que na tremenda roca,
Sem ter descanso fia;
Não foi, digo, não foi a morte feia
Quem o ferro moveu, e abriu no peito
A palpitante veia.

---

[1] Gonzaga protesta em verso a sua inocência. Esta lira não vem no ms. da Mesa Censória (Parte II), que tem a data de 27 de outubro de 1798 e encerra 32 composições. Apareceu pela primeira vez na edição nunesiana de 1802, 2ª Parte, com o nº 33.

*

Eu, Marília, respiro;
Mas o mal, que suporto,
É tão tirano e forte
Que já me dou por morto:
A insolente calúnia depravada
Ergueu-se contra mim, vibrou da língua
A venenosa espada.

*

Inda, ó bela, não vejo
Cadafalso enlutado,
Nem de torpe verdugo
Braço de ferro armado;
Mas vivo neste mundo — ó sorte ímpia —
E dele só me mostra a estreita fresta
O quando é noite, ou dia.

*

Olhos baços, sumidos,[2]
Macilento, escarnado,[3]
Barba crescida e hirsuta,
Cabelo desgrenhado;
Ah! que imagem tão digna de piedade!
Mas é, minha Marília, como vive
Um réu de Majestade.

*

Venha o processo, venha,
Na inocência me fundo;
Mas não morreram outros,
Que davam honra ao mundo?
O tormento, minha alma, não recuses:

[2] "Baços e sumidos", L, que daria mais uma sílaba.

[3] "Macilento e descarnado", L; "macilento, descarnado", N[3]. Impõe-se a forma "escarnado", que aliás é própria do tempo. José Vieira Couto, na *Memória sobre a capitania de Minas Gerais* (1799) fala no "despotismo feio, magro e escarnado".

A quem, sábio, cumpriu as leis sagradas
Servem de sólio as cruzes.

*

Tu, Marília, se ouvires,
Que ante o teu rosto aflito
O meu nome se ultraja
C'o suposto delito,
Dize, severa, assim em meu abono:
— Não toma as armas contra um cetro justo,
Alma digna de um trono.

## Lira XXXIV[1]

Vou-me, ó bela, deitar na dura cama,
De que nem sequer sou o pobre dono;
Estende sobre mim Morfeu as asas,
E vem ligeiro o sono.

---

[1] Também apareceu pela primeira vez na edição de 1802. É uma das mais formosas liras de Gonzaga e tem dado que fazer aos comentadores. Pouco antes de casar, o poeta andava a bordar um vestido para a noiva. Alberto Faria considerava isso uma fantasia contrariamente ao que o próprio poeta declara na lira XV (Parte II), versos 41-2. Está provado que era moda galante do tempo. Ainda hoje na puritana Inglaterra os homens se entretêm, como é sabido, com trabalhos de mulher. Veja-se o que diz sobre o caso Tomás Brandão: "Um dos costumes elegantes da classe nobre de Vila Rica, o qual chegou até a Independência, era a obrigação imposta ao noivo de bordar o vestido nupcial da que ia ser sua esposa... Era de estilo que o vestido, o qual devia primar pela singeleza e alvura, fosse de cassa ou de cambraia de linho, e não de seda, como foi mais tarde adotado" (*Marília de Dirceu*, 167-8).

Um outro ponto muito discutido: aquela peremptória declaração do poeta de que passara na Bahia a flor da idade. Também aqui Alberto Faria negou o fato, pretendendo saber mais e melhor que o próprio declarante (*Acendalhas*, 36-46). Está perfeitamente assente hoje que Gonzaga foi da Bahia para Portugal em fins de 1761, tendo passado em Pernambuco e Bahia, ou só na Bahia, como parece ser mais provável, dos 8 aos 17 anos. É, portanto, mais brasileiro do que se tem pensado e do que ele próprio inculcava nas respostas perante os juízes, aos quais procurava naturalmente ocultar o seu brasileirismo, que mais o comprometeria.

*

Os sonhos, que rodeiam a tarimba,
Mil coisas vão pintar na minha ideia;
Não pintam cadafalsos, não, não pintam
Nem uma imagem feia.

*

Pintam que estou bordando um teu vestido;
Que um menino com asas, cego e loiro,
Me enfia nas agulhas o delgado,
O brando fio de oiro.

*

Pintam que entrando vou na grande igreja;
Pintam que as mãos nos damos, e aqui vejo
Subir-te à branca face a cor mimosa,
A viva cor do pejo.

*

Pintam que nos conduz doirada sege
À nossa habitação; que mil Amores
Desfolham sobre o leito as moles folhas
Das mais cheirosas flores.

*

Pintam que dessa terra nos partimos;[2]
Que os amigos saudosos e suspensos,
Apertam, nos inchados, roxos olhos,
Os já molhados lenços.

*

Pintam que os mares sulco da Bahia,
Onde passei a flor da minha idade;
Que descubro as palmeiras, e em dois bairros
Partida a grã-cidade.

---

[2] Muitos editores, entre eles Alberto Faria, seguindo edições menos corretas, escreveram "desta", em lugar "dessa". Gonzaga estava no Rio de Janeiro; só poderia escrever "dessa" com referência a Vila Rica. Assim vem na edição de 1802; "desta", L.

*

Pintam leve escaler, e que na prancha[3]
O braço já te of'reço reverente;
Que te aponta c'o dedo, mal te avista,
Amontoada gente.

*

Aqui — alerta! — grita o mau soldado;
E o outro — alerta estou! — lhe diz, gritando.
Acordo com a bulha... Então conheço
Que estava aqui sonhando.

*

Se o meu crime não fosse só de amores,
A ver-me delinquente, réu de morte,
Não sonhara, Marília só contigo
Sonhara de outra sorte.

## Lira XXXV[1]

Se lá te chegarem
Aos ternos ouvidos
Uns tristes gemidos,
Repara, Marília,
Verás que são meus.
Ah! dá-lhes abrigo,
Marília, nos peitos;
Aqui os conserva
Em laços estreitos,
Unidos aos teus.

---

[3] Versos 29-32: esta estrofe (a 8ª) não figura na edição de 1802; apareceu na edição Lacerdina de 1811.

[1] Nos primeiros tempos da reclusão compreende-se o recato e a desconfiança de Marília perante o noivo, acusado de crime gravíssimo, que o poderia levar ao patíbulo. O seu amor por Gonzaga não seria um sentimento fervorosíssimo; era antes uma inclinação cerebral, em que se misturaria não pouco de vaidade, o afeto inconsistente da criança amimada, que vê o seu nome solto aos quatro ventos nas asas da poesia. O tom geral da lira insinua da parte do poeta certo ressaibo de amargura.

*

O vento ligeiro,
De ouvi-los movido,
Os pede a Cupido,
Que a todos apanha,
E lá tos vai pôr.
Ah! não os desprezes,
Porque se conspira
O céu em meu dano,
E a glória me tira
De honrado pastor.

*

Têm estes suspiros
Motivo dobrado:
Perdi o meu gado;
Perdi, que mais vale,
O bem de te ver.
Se os receberes,
Amante por ora,
Por serem de um triste,
Os deves, pastora,
Por honra acolher.

*

Virá, minha bela,
Virá uma idade,
Que, vista a verdade,
Gostosa me entregues
O teu coração.
Os crimes desonram,
Se são existentes;
Os ferros que oprimem
As mãos inocentes,
Infames não são.

*

Chegando este dia,
Os braços daremos:

Então mandaremos
De gosto e ternura
Suspiros aos céus.
Pôr-me-ão no sepulcro
A honrosa inscrição:
*Se teve delito,*
*Só foi a paixão*
*Que a todos faz réus.*

## Lira XXXVI

Não hás de ter horror, minha Marília,
De tocar pulso que sofreu os ferros:
Infames impostores mos lançaram,
E não puníveis erros.

*

Esta mão, esta mão, que ré parece,
Ah! não foi uma vez, não foi só uma,
Que em defesa dos bens que são do Estado,
Moveu a sábia pluma.

*

É certo, minha amada, sim é certo[1]
Q'eu aspirava a ser de um[2] cetro o dono;
Mas este grande império, que eu firmava,
Tinha em teu peito o trono.

*

As forças, que se opunham, não batiam
Da grossa peça e do mosquete os tiros;

---

[1] Versos 9-12. O sentido desta estrofe é o seguinte: Gonzaga era acusado no processo de ser indigitado pelos conjurados como o futuro legislador da nova República Mineira, que havia de sair da revolução. Seria o seu primeiro presidente. Por isso fala nas aspirações de ser dono de um reino.

[2] "De um cetro", L.

Só eram minhas armas os soluços,
Os rogos e os suspiros.
*
De cuidados, desvelos e finezas
Formava, ó minha bela, os meus guerreiros;
Não tinha no meu campo estranhas tropas,
Que amor não quer parceiros.
*
Mas pode ainda vir um claro dia,
Em que estas vis algemas, estes laços
Se mudem em prisões de alívio cheias,
Nos teus mimosos braços.
*
Vaidoso então direi: — Eu sou monarca;
Dou leis que é mais, num coração divino.
Sólio que ergueu o gosto e não a força
É que é de apreço dino.

## Lira XXXVII

Meu sonoro passarinho,
Se sabes do meu tormento,
E buscas dar-me, cantando,
Um doce contentamento,
*
Ah! não cantes mais, não cantes,
Se me queres ser propício;
Eu te dou em que me faças
Muito maior benefício:
*
Ergue o corpo, os ares rompe,
Procura o porto da Estrela,
Sobe à serra e, se cansares,
Descansa num tronco dela.
*

Toma de Minas a estrada,
Na Igreja Nova, que fica
Ao direito lado, e segue
Sempre firme a Vila Rica.

*

Entra nesta grande terra,
Passa uma formosa ponte,
Passa a segunda; a terceira
Tem um palácio defronte.

*

Ele tem ao pé da porta
Uma rasgada janela:
É da sala, aonde assiste
A minha Marília bela.

*

Para bem a conheceres,
Eu te dou os sinais todos
Do seu gesto, do seu talhe,
Das suas feições e modos.

*

O seu semblante é redondo,
Sobrancelhas arqueadas,
Negros e finos cabelos,
Carnes de neve formadas.

*

A boca risonha e breve,
Suas faces cor-de-rosa,
Numa palavra: a que vires
Entre todas mais formosa.

*

Chega então ao seu ouvido,[1]
Dize que sou quem te mando,

[1] Versos 37-40: esta última quadra não figura em N, aparece pela primeira vez em L. A poesia não deve estar completa, porque a mensagem do passarinho não passa do começo e conteria mais pormenores.

Que vivo nesta masmorra,
Mas sem alívio penando.

## Lira XXXVIII[1]

Eu vejo aquela deusa,
Astreia pelos sábios nomeada;
Traz nos olhos a venda,
Balança numa mão, na outra espada.
O vê-la não me causa um leve abalo,
Mas antes, atrevido,
Eu a vou procurar, e assim lhe falo:

*

— Qual é o povo, dize,
Que comigo concorre no atentado?
Americano povo?
O povo mais fiel e mais honrado:
Tira as praças das mãos do injusto dono,
Ele mesmo as submete
De novo à sujeição do luso trono!

*

Eu vejo nas histórias
Rendido Pernambuco aos holandeses;
Eu vejo saqueada
Esta ilustre cidade dos franceses;
Lá se derrama o sangue brasileiro;

---

[1] Esta lira não figura na edição de 1802; foi publicada pela primeira vez na edição Lacerdina de 1811. É o tipo acabado da poesia ao serviço da jurisprudência. "Crônica processual rimada" lhe chamou com propriedade Alberto Faria. Gonzaga, conhecendo a imensa voga das suas poesias, pensava habilidosamente em pô-las ao serviço da sua defesa e criar um estado favorável de opinião. Nesta lira procura demonstrar a inanidade do processo, negando a própria ideia da conjuração separatista e aduzindo o exemplo conhecido da fidelidade brasileira na reconquista de Pernambuco.

Aqui não basta, supre
Das roubadas famílias o dinheiro.[2]

*

Enquanto assim falava,
Mostrava a deusa não me ouvir com gosto.
Punha-me a vista tesa,
Enrugava o severo e aceso rosto.
Não suspendo com tudo no que digo;
Sem o menor receio,
Faço que a não entendo e assim prossigo;

*

— Acabou-se, tirana,
A honra, o zelo deste luso povo?
Não é aquele mesmo,
Que estas ações obrou? É outro novo?
E pode haver direito, que te mova
A supor-nos culpados,
Quando em nosso favor conspira a prova?

*

Há em Minas um homem,
Ou por seu nascimento ou seu tesoiro,
Que aos outros mover possa
À força de respeito, à força d'oiro?
Os bens de quantos julgas rebelados
Podem manter na guerra,
Por um ano sequer, a cem soldados?

*

Ama a gente assisada
A honra, a vida, o cabedal tão pouco?
Que ponha uma ação destas

---

[2] Verso 21. Entenda-se: "Se num caso ou outro não chega o esforço bélico, o sangue derramado, as famílias, embora espoliadas, completam a obra, ofertando generosamente o seu dinheiro".

Nas mãos dum pobre sem respeito e louco?[3]
E quando a comissão lhe confiasse,
Não tinha pobre soma,
Que por paga ou esmola lhe mandasse?

*

Nos limites de Minas,
A quem se convidasse não havia?
Ir-se-iam buscar sócios
Na Colônia também, ou na Bahia?
Está voltada a corte brasileira
Na terra dos suíços,
Onde as potências vão erguer bandeira?

*

O mesmo autor do insulto
Mais a riso do que a terror me move;
Deu-lhe nesta loucura,
Podia-se fazer Netuno ou Jove.
A prudência é tratá-lo por demente;
Ou prendê-lo, ou entregá-lo,
Para dele zombar a moça gente.

*

---

[3] Referência ao Tiradentes, o entusiástico alferes Joaquim José da Silva Xavier, o único que conspirava a valer e tinha a alma devorada pelo ideal da República e do separatismo. Era tido como um desequilibrado, tal o ardor que punha nas suas convicções, que inflamaram mais de um conjurado. Gonzaga não o estimava e tivera até em tempos um conflito com ele. Apesar disso Tiradentes procedeu nobremente nos interrogatórios, chamando a si a inteira responsabilidade da conjura, isto quando os próprios amigos de Gonzaga comprometiam este irremediavelmente. A lira constitui uma prova de que Gonzaga não entrou diretamente no levante, orientado por um homem de cujo siso tinha razões para desconfiar. Mas sabia da conjura perfeitamente, aprovava-a em princípio, e não lhe repugnava a ideia, se acaso triunfasse a revolução, de ser o seu mentor jurídico. Enfim, Gonzaga explica na poesia não a sua inocência, mas os motivos por que não entrou diretamente na sublevação, apontando Tiradentes como o único autor do “insulto”, mais merecedor de desprezo que de castigo.

Aqui, aqui a deusa
Um extenso suspiro aos ares solta;
Repete outro suspiro,
E, sem palavra dar, as costas volta.
— Tu te irritas! — lhe digo — e quem te ofende?
Ainda nada ouviste
Do que respeita a mim, sossega, atende!

*

E tinha que ofertar-me[4]
Um pequeno abatido e novo Estado,
Com as armas de fora,
Com as suas próprias armas consternado?
Achas também que sou tão pouco esperto,
Que um bem tão contingente,
Me obrigasse a perder um bem já certo?

*

Não sou aquele mesmo,
Que a extinção do débito pedia?
Já viste levantado
Quem à sombra da paz, alegre, ria?
Um direito arriscado eu busco e feio,
E quero que se evite
Toda a razão do insulto, e todo o meio?[5]

*

Não sabes quanto apresso
Os vagarosos dias da partida?
Que a fortuna, risonha,

[4] Versos 71-2. Entenda-se: "E que tinha para me oferecer a nova, pequena e fraca República que se criasse?"

[5] A atitude de Gonzaga no que se refere à extinção do débito de 700 arrobas de ouro foi dúbia e sutil. Dizia-se favorável à anulação da dívida de Minas à Metrópole, mas, por outro lado, instigava o intendente seu amigo, Pires Bandeira, a que requeresse totalmente o imposto de derrama. Alegava ele sutilmente, no processo, que só assim se verificaria a impossibilidade do pagamento e se sentiria a necessidade da sua extinção.

A mais formosos campos me convida?
Não me unira, se os houvesse, aos vis traidores;
Daqui nem oiro quero;
Quero levar somente os meus amores.

*

Eu, ó cega, não tenho
Um grosso cabedal, dos pais herdado;
Não o recebi no emprego,
Nem tenho as instruções dum bom soldado.
Far-me-iam os rebeldes o primeiro
No império, que se erguia
À custa do seu sangue e seu dinheiro?[6]

*

Aqui, aqui, de todo
A deusa se perturba, e mais se altera;
Morde o seu próprio beiço;
O sítio deixa, nada mais espera.
— Ah! vai-te — então lhe digo — vai-te embora;
Melhor, minha Marília,
Eu gastasse contigo mais esta hora.

❖

[6] Gonzaga esquece aqui a verdadeira razão que levou os inconfidentes a escolherem-no para guia: não era evidentemente a riqueza nem o saber militar, que não possuía, mas o seu saber jurídico, que era notório, e de que ele próprio, aliás, em muitos lugares, parece comprazer-se. A si mesmo algumas vezes se apelida de "sábio", procurando deslumbrar a inexperta Marília com o prestígio do seu talento.

# Parte III

## I[1]

Convidou-me a ver seu templo
O cego Cupido um dia:
Encheu-se de gosto o peito,
Fiz deste deus um conceito.
Como dele não fazia.

*

Aqui vejo, descorados,
Os terníssimos amantes
Entre as cadeias gemerem;
Vejo nas piras arderem
As entranhas palpitantes.

*

— A quem ama, quanto avista[2] —
Diz Cupido — não aterra;
Quem quer cingir o loureiro
Também vai sofrer primeiro
Todo o trabalho da guerra.

*

[1] Esta lira foi publicada a primeira vez em 1811, na edição Lacerdina. Incluíram-se então na Parte I, sob o número 37. A edição da Parte III, que logo saiu no ano seguinte, em Lisboa, na Impressão Régia, inseriu a lira com variantes tais, que provam não ser simples aproveitamento da edição de 1811, mas sim a utilização doutro manuscrito, de certo modo mais perfeito. Seguimos a edição de 1812, confrontada com o próprio manuscrito que serviu para a Mesa Censória, o qual não concorda absolutamente com o texto impresso.

[2] "Avistas", L; "avista", R.

Contudo, que te dilates
Neste sítio não convenho;
Deixa a estância lastimosa,
Vem ver a sala formosa
Aonde o meu sólio tenho.

*

Entro[3] noutro grande templo:
Que perspectiva tão grata!
Tudo quanto nele vejo
Passa além do meu desejo,
E o discurso me arrebata.

*

É de mármore e de jaspe
O soberbo frontispício;
É todo por dentro d'ouro;[4]
E a um tão rico tesouro
Inda excede o artifício.

*

As janelas não se adornam
De sedas de finas cores:
Em lugar de cortinados,
Estão presos e enlaçados
Festões[5] de mimosas flores.

*

Em torno da sala augusta
Ardem dourados braseiros,
Queimam resinas que estalam,
E, postas em fumo, exalam
Da Pancaia os gratos cheiros.

*

---

[3] "Entrei", L; "Entro", R.

[4] Versos 28-9: em outras passagens o poeta usa "oiro" e "tesoiro".

[5] Na edição Lacerdina, "fustões"; na edição de 1812, "fastões". As edições ulteriores emendaram para "festões". Fizemos o mesmo, embora um pouco duvidosos sobre a absoluta legitimidade da emenda.

Ao pé do trono os seus gênios
Alegres hinos entoam;
Dançam as Graças formosas,
E aqui as Horas gostosas
Em vez de correrem, voam.

*

Estão sobre o pavimento
Igualmente reclinados
Nos colos de seus amores,
Os grandes reis e pastores,[6]
De frescas rosas coroados.

*

Mas o acordo restauro,
Me diz o moço risonho:
— Como ainda não reparas
Em tantas coisas tão raras,
De que este templo componho?

*

Sabes a história de Jove?
Aqui tens o manso touro,
Tens o cisne decantado,
A velha em que foi mudado,
Com a grossa chuva d'ouro.

*

Aplica, Dirceu, agora
Os olhos para esta parte;
Aqui tens o verde louro[7]

---

[6] "E os pastores", ms. da Censura e L; "e pastores", R.

[7] A repetição do mesmo vocábulo no final do verso aparece por vezes em Gonzaga. Veja-se a lira XXXII (Parte II), última estrofe. Menos reparável é que o poeta empregue o mesmo termo com diferentes significações, como neste caso. O editor da Lacerdina não gostou da repetição e alterou por sua conta e risco o verso para "aqui tens a lira d'oiro". Note-se que se trata de um museu de antiguidades de amor. Precisamente Dafne foi convertida em louro, por se ter esquivado ao amor de Apolo, o qual daí em diante empregou essa planta na sua coroa. O poeta refere-se sem dúvida a esse caso mitológico.

Que inda estima o pastor louro,
E a rede que enlaça a Marte.

*

Vês este arco destramente
De branco marfim ornado?
À casta deusa servia,
E o perdeu, quando dormia
Do gentil pastor ao lado.

*

Vês esta lira? Com ela
Tira Orfeu ao bem querido
Dos infernos aonde[8] estava.
Vês este Farol? Guiava
Ao meu nadador de Abido.

*

Vês estas duas espadas
Ainda de sangue cheias?
A Tisbe e a Dido mataram;
E os fortes pulsos armaram
De Píramo e mais de Eneias.

*

Sabes quem vai no navio,
Que nesse mar se levanta?
É Teseu. Vês esse pomo?
É de Cídipe, assim como
São aqueles de Atalanta.

*

Vê agora estes retratos,
Que destros pincéis fizeram.
Ah! que pinturas divinas!
Todos são das heroínas,
Que mais vitórias me deram.

*

[8] "Onde", ms. da Censura e L.; "aonde", R.

Repara nesse semblante:
É o semblante de Helena;
Lá se avista a grega armada,
E aqui de Troia abrasada
Se mostra a funesta cena.

*

Vês estoutra formosura?
É a bela Deidamia;
Lá tens Aquiles ao lado,
De uma saia disfarçado,
Como com ela vivia.

*

Cleópatra é quem se segue:
Ali tens lançando a linha
Marco Antônio sossegado,
Ao tempo em que Augusto, irado,
Com armada mão[9] caminha.

*

Aqui Hérmia se figura;
Vê um sábio dos maiores,
Qual infame delinquente,
Ir desterrado, somente
Por contar os seus louvores.[10]

*

Este é de Onfale o retrato;
Aqui tens — quem o diria! —
Ao grande Hércules sentado
Com as mais damas no estrado,
Onde em seu obséquio fia.

*

[9] "Com armada nau", L.

[10] "Por cantar os seus amores", L; "por cantar os seus louvores", R. Seguimos a lição do ms. da Censura.

Anda agora a estoutra parte:
Conheces, Dirceu, aquela?
— Onde vais? — lhe digo — explica
Que beleza aqui nos fica,
Sem fazeres caso dela?

*

Ergo os olhos,[11] ponho a vista
Na imagem não explicada:
— Oh! quanto é digna de apreço!
Mal exclamo assim, conheço
Ser a minha doce amada.

*

O coração pelos olhos
Em terno pranto saía
E no meu peito saltava;
Disfarçado,[12] Amor olhava
Para mim a furto, e ria.

*

Depois de passado tempo,
A mim se chega e me abala;
Desperto de tanto assombro,
Ele bate no meu ombro,
E assim afável me fala:

*

— Sim, caro Dirceu, é esta
A divina formosura,
Que te destina Cupido;
Aqui tens o laço urdido
Da tua imortal ventura.

*

O númen, Dirceu, o númen,[13]
Que os trabalhos de um humano

---

[11] "Ergo o rosto", L.
[12] "Disfarçando", L.
[13] "Um numem, Dirceu, um numem", L.

Desta sorte felicita,
Não é como se acredita,
Não é um númen tirano.

*

Olha se a cega Fortuna,
De tudo quanto se cria,
Ou nos mares ou na terra,
Em o seu tesouro[14] encerra,
Outro bem de mais valia?

*

Lisas faces cor-de-rosa,
Brancos dentes, olhos belos,
Grossos beiços[15] encarnados,
Pescoço e peitos nevados,
Negros e finos cabelos,

*

Não vale mais que cingires,
C'o braço de sangue imundo,
Na cabeça o verde louro?
Do que teres montes d'ouro?
Do que dares leis ao mundo?

*

Ah! ensina, sim, ensina
Ao vil mortal atrevido
E ao peito que adora, terno,
Que tem para um o inferno,[16]
Para o outro um céu, Cupido.

*

---

[14] "Em o seu tesouro", no ms. da Mesa Censória e em R; "em seus tesoiros", L.

[15] "Grossos beiços", no ms. da Censura e em R.; "lindos beiços", em L. A redação primitiva deve ser "grossos" = "carnudos". Gonzaga certamente atentou na sensualidade inconveniente do adjetivo aplicado à idealizada Marília, e emendaria para "lindos", que em verdade nada diz, nada caracteriza.

[16] "Para um Inferno", ms. da Censura e R. Preferimos a lição de L.

Ao resto Amor me convida;
Eu chorando a mão lhe beijo,
E lhe digo: Amor, perdoa
Não seguir-te, pois não voa
A ver mais o meu desejo.

## II

Em vão do amado
Filho que foge,
Vênus quer hoje
Notícias ter.

*

Sagaz e astuto
Ele se esconde
Em parte aonde
Ninguém o vê.

*

Dos sinais dados,
Bem se conhece
Que ele aborrece
A mãe que tem

*

Se os seus defeitos
Ela publica,
Razão lhe fica
De se ofender.

*

Foge o menino
E, disfarçado,
Vive abrigado
Numa cruel.

*

Com mil carícias
A ímpia o trata;

Nem o desata
Do peito seu.

*

Se a semelhança
Sempre amor gera,
Deve uma fera
Outra acolher.

*

Ah! se o teu nome,
Marília, calo,
Que de ti falo
Bem podes crer.

## III[1]

Tu não verás, Marília, cem cativos
Tirarem o cascalho e a rica terra,
Ou dos cercos dos rios caudalosos,
Ou da minada serra.

*

Não verás separar ao hábil negro
Do pesado esmeril a grossa areia,
E já brilharem os granetes de oiro
No fundo da bateia.

*

Não verás derrubar os virgens matos,
Queimar as capoeiras inda novas,

---

[1] Uma das mais curiosas composições de Gonzaga, de mais acentuado americanismo. Ao ideal industrialista da vida brasileira, a mineração, o aproveitamento da floresta virgem, a cultura do tabaco, o fabrico do açúcar, a essa vida agitada opõe ele um ideal de paz burguesa e sedentária, toda orientada nos deveres da profissão e perfumada com as graças da poesia. Era o ideal caseiro e burguês da poesia do século XVIII. Gonzaga revela-se como um dos seus mais típicos representantes.

Servir de adubo à terra a fértil cinza,
Lançar os grãos nas covas.

*

Não verás enrolar negros pacotes
Das secas folhas do cheiroso fumo;
Nem espremer entre as dentadas rodas
Da doce cana o sumo.

*

Verás em cima da espaçosa mesa
Altos volumes de enredados feitos;
Ver-me-ás folhear os grandes livros,
E decidir os pleitos.

*

Enquanto revolver os meus consultos,
Tu me farás gostosa companhia,
Lendo os fastos[2] da sábia, mestra História,
E os cantos[3] da poesia.

*

Lerás em alta voz, a imagem bela;
Eu, vendo que lhe dás o justo apreço,
Gostoso tornarei a ler de novo
O cansado processo.

*

Se encontrares louvada uma beleza,
Marília, não lhe invejes a ventura,
Que tens quem leve à mais remota idade
A tua formosura.

---

[2] "Os fatos", L; "os fastos", ms. da Censura, R.

[3] "Os cantos", ms. da Censura, R; "e os cantos", L.

## IV[1]

Amor por acaso
A um pouso chegava,
Aonde acolhida
A Morte se achava.

*

Risonhos e alegres,
Os braços se deram,
E as armas unidas
Num sítio puseram.

*

De empresas tamanhas
Cansados já vinham,
E em larga conversa
A noite entretinham.

*

Um conta que há pouco
A seta aguçada
Em uma beleza
Deixara empregada.

*

Diz outro que as flechas
Cravara no peito
De um grande, que teve
O mundo sujeito.

*

Enquanto das forças
Cada um presumia,
Seus membros já lassos
O sono rendia.

*

[1] Vê-se bem que é uma das principais composições dedicadas a Marília: um pouco artificial, versando os lugares-comuns do despeito amoroso, a inicial esquivança da namorada.

Dormindo tranquilos,
A noite passaram,
E inda antes da aurora
Com ânsia acordaram.

*

— É tempo que o leito
Deixemos, ó Morte —
Amor, já erguido,
Falou desta sorte.

*

— É tempo — em resposta
A Morte repete —
Que à nossa fadiga[2]
Dormir não compete.

*

As armas colhamos,
Voltemos ao giro:
Cada um a seu gosto
Empregue o seu tiro.

*

Vão inda, c'os olhos
Em sono turbados,
Ao sítio em que os ferros
Estão pendurados.

*

Amor para as setas
Da Morte se inclina;
De Amor logo a Morte
C'o as flechas atina.

*

Oh! golpes tiranos!
Oh! mãos homicidas!

---

[2] "Trabalho", "tarefa", "incumbência", e não propriamente no sentido de "cansaço proveniente de trabalho".

São tiros da Morte
De Amor as feridas.

*

De um sonho, que pinto,
Marília, conhece
Se amor, ou se morte
Esta alma padece.

## V[1]

Eu não sou, minha Nise, pegureiro,
Que viva de guardar alheio gado;
Nem sou pastor grosseiro,
Dos frios gelos e do sol queimado,
Que veste as pardas lãs do seu cordeiro.
Graças, ó Nise bela,
Graças à minha estrela!

*

A Cresso não igualo no tesouro;
Mas deu-me a sorte com que honrado viva.
Não cinjo coroa d'ouro;
Mas povos mando, e na testa altiva
Verdeja a coroa do sagrado louro.

---

[1] É o esboço de uma composição mais perfeita e volumosa que havia de dedicar um dia a Marília. Veja-se a lira I (Parte I). O chistoso do caso é que a poesia foi dedicada primeiramente a uma Nise. Não sabemos se teria sido composta já no Brasil; inclinamo-nos a crer que o fosse, quando já estava nomeado ouvidor, isto é, desde 27 de fevereiro de 1782. Só assim terão pleno sentido os dizeres da segunda estrofe: "deu-me a sorte com que honrado viva", e sobretudo aquele "povos mando", que parece referir-se ao seu elevado emprego de ouvidor. Os primeiros dois versos da quarta estrofe parecem denunciar o clima especial de Minas Gerais, as fortunas adquiridas na busca do ouro e dos diamantes, enfim, a surpresa do poeta ao entrar naquele ambiente de afã industrial e comercialista. Deve ser, portanto, das suas primeiras composições brasileiras.

Graças, ó Nise bela,
Graças à minha estrela!

*

Maldito seja aquele, que só trata
De contar, escondido, a vil riqueza,
Que, cego, se arrebata
Em buscar nos avós a vã nobreza,
Com que aos mais homens, seus iguais, abata.
Graças, ó Nise bela,
Graças à minha estrela!

*

As fortunas, que em torno de mim vejo,[2]
Por falsos bens que enganam, não reputo;
Mas antes mais desejo:
Não para me voltar soberbo em bruto,
Por ver-me grande, quando a mão te beijo.
Graças, ó Nise bela,
Graças à minha estrela!

*

Pela ninfa, que jaz vertida em louro,
O grande deus Apolo não delira?
Jove, mudado em touro
E já mudado em velha não suspira?
Seguir aos deuses nunca foi desdouro.
Graças, ó Nise bela,
Graças à minha estrela!

*

Pertendam Aníbais honrar a história,
E cinjam com a mão, de sangue cheia,
Os louros da vitória;
Eu revolvo os teus dons na minha ideia:
Só dons que vêm do céu são minha glória.

---

[2] Entenda-se o sentido dos dois versos: "Não tenho em consideração as avultadas fortunas que vejo em torno de mim, porque sei serem falsos bens, enganadores".

Graças, ó Nise bela,
Graças, à minha estrela!

## VI
(tradução)

Amor, que seus passos
Ligeiro movia
Por mil embaraços,
Que um bosque tecia,

*

Nos ombros me acena
Com brando raminho;
E logo me ordena
Que siga o caminho.

*

Por entre a espessura
Do bosque me avanço;
E atrás da ventura,
Incauto me lanço.

*

Já tinha calcado
Os montes mais duros,
C'o peito rasgado
Os rios escuros:

*

Eis que uma serpente,
A língua vibrando,
Me crava o seu dente,
Me deixa expirando.

*

Então, surpreendida
Da dor, que a traspassa,
Minha alma ferida
Aos beiços se passa.

*

As iras detesta
Amor. Isto vendo,
E as asas na testa[1]
Me bate dizendo:

*

— Tu choras, tu gemes,
Da serpe tocado,
E o braço não temes
De um númen irado?

## VII[1a]

Tu, formosa Marília, já fizeste
Com teus olhos ditosas as campinas
Do turvo Ribeirão em que nasceste.
Deixa, Marília, agora

---

[1] "E as asas na testa" é como vem no ms. da Mesa Censória e em R. Conservamos a lição, que nos parece expressiva: aquela conjunção copulativa dá movimento ao ato, e poderia substituir-se, quanto ao sentido, por "logo".

[1a] Esta lira foi publicada pela primeira vez na edição Lacerdina de 1811, que a inseriu na Parte I, sob o nº 29. Decidido o casamento, Gonzaga andava em preparativos de seguir para a Bahia; daí partiria para o Porto, sua terra natal, a tomar posse do lugar de desembargador da Relação, aproveitando o caso para visitar os saudosos lares e mostrar a seus parentes a formosa Marília. Se é que a poesia não presume passados os seis anos de desembargador da Bahia e a partida definitiva para Portugal. Isto é, a noiva despedia-se, certamente para sempre, da sua terra e de sua família.

Deduz-se da poesia que a namorada, sob a influência dos "grilhões do sangue", não aceitava com grande alvoroço aquela separação. A lira de Gonzaga tem, ainda desta vez, o fim interessado de lhe demover a relutância e animá-la a deixar a família. O lírico magistrado sabia aproveitar habilmente a Musa para os interesses do amor e da política. A viagem do Brasil a Lisboa é descrita com realismo e colorido, para impressionar agradavelmente a menina vacilante.

As já lavradas serras:[2]
Anda, afoita, romper os grossos mares,
Anda encher de alegria estranhas terras;
Ah! que por ti suspiram
Os meus saudosos lares!

*

Não corres como Safo sem ventura,
Em seguimento de um cruel ingrato,
Que não cede aos encantos da ternura;
Segues um fino amante,
Que, a perder-te, morria.
Quebra os grilhões do sangue e vem, ó bela;
Tu já foste no sul a minha guia,
Ah! deves ser no norte
Também a minha estrela.

*

Verás ao deus Netuno, sossegado,
Aplainar c'o tridente as crespas ondas;
Ficar como dormindo o mar salgado;
Verás, verás d'alheta
Soprar o brando vento;
Mover-se o leme, desenrizar-se o linho,
Seguirem os delfins o movimento,
Que leva na carreira
O empavesado pinho.

*

Verás como o Leão, na proa arfando,
Converte em branca espuma as negras ondas,
E as talha[3] e corta com murmúrio brando;
Verás, verás, Marília,
Da janela doirada,
Que uma comprida estrada representa

---

[2] "Terras", R; "serras", L.

[3] "E as talhas", ms. da Censura, R; "que atalha", L.

A linfa cristalina, que, pisada
Pela popa que foge,
Em borbotões rebenta.

*

Bruto peixe verás de corpo imenso
Tornar ao torto anzol, depois de o terem
Pela rasgada boca ao ar suspenso;
Os pequenos peixinhos
Quais pássaros voarem;
De toninhas verás o mar coalhado,
Ora surgirem, ora mergulharem,
Fingindo ao longe as ondas,
Que forma o vento irado.

*

Verás que o grande monstro se apresenta,
Um repuxo formado com as águas,
Que ao ar espalha da robusta venta;
Verás, enfim, Marília,
As nuvens levantadas,
Umas de cor azul ou mais escuras,
Outras de cor-de-rosa ou prateadas,
Fazerem no horizonte
Mil diversas figuras.

*

Mal chegares à foz do claro Tejo,
Apenas ele vir o teu semblante,
Dará no leme do baixel um beijo.
Eu lhe direi vaidoso:
— Não trago, não, comigo
Nem pedras de valor, nem montes d'oiro;
Roubei as áureas minas e consigo
Trazer para os teus cofres
Este maior tesoiro.

## VIII[1]

Em cima dos viventes fatigados
Morfeu as dormideiras espremia;[2]
Os mentirosos sonhos me cercavam;
Na vaga fantasia
Ao vivo me pintavam
As glórias, que, desperto,
Meu coração pedia.

*

Eu vou, eu vou subindo a nau possante,
Nos braços conduzindo a minha bela;
Volteia a grande roda, e a grossa amarra
Se enleia em torno dela;
Já ponho a proa à barra;
Já cai ao som do apito
Ora uma, ora outra vela.

*

Os arvoredos já se não distinguem;
A longa praia ao longe não branqueja;
E já se vão sumindo os altos montes,
Já não há que se veja
Nos claros horizontes,
Que não sejam vapores,
Que céu e mar não seja.

*

---

[1] Esta lira foi publicada pela primeira vez na edição Lacerdina de 1811, que a inseriu na Parte I, com o nº 35. Vencida a relutância de Marília, e autorizado pelo governador a casar (abril de 1789), Gonzaga imaginava a viagem a Portugal, onde mostraria com orgulho a sua conquista. Como na lira precedente, descreve-nos, com alarde de tecnicismos e concretismos admirável a travessia do mar, estragando, contudo, o quadro com uma nota artificial de arcadismo.

[2] "As verdes dormideiras espremia", ms. da Censura e R, lição evidentemente estropiada, a que falta o sujeito.

Parece vão correndo as negras águas,[3]
E o pinho, qual rochedo, estar parado;
Ergue-se a onda, vem à nau direita,
E quebra no costado;
O navio se deita,
E ela finge a ladeira
Saindo do outro lado.

*

Vejo nadarem os brilhantes peixes,
Cair do lais a linha que os engana;
Um, doirado, no anzol está pendente,
Sofre morte tirana;
Entretanto que a sente,
Ao tombadilho açouta
A cauda e a barbatana.

*

Sobre as ondas descubro uma carroça,
De formosas conchinhas enfeitada;
Delfins a movem e vem Tétis nela;
Na proa[4] está parada;
Nem pode a deusa bela
Tirar os brandos olhos
Da minha doce amada.

*

Nas costas dos golfinhos vêm montados
Os nus Tristões, deixando a esfera cheia
Com o rouco som dos búzios retorcidos.
Recreia, sim, recreia
Meus atentos ouvidos
O canto sonoroso
Da música sereia.

*

[3] "As negras ondas", ms. da Censura, R; "as negras águas", L.

[4] "Na popa", ms. da Censura, R; "na proa", L.

Já sobe ao grande mastro o bom gajeiro,
Descobre arrumação e grita "Terra!"
À murada caminha, alegre, a gente;
        Alguns entendem que erra;
        Pelo imóvel somente
        Conheço não ser nuvem,
        Sim o cume d'alta serra.

*

De Mafra já descubro as grandes torres
— E que nova alegria me arrebata! —
De Cascais a muleta já vem perto,
        Já de abordar-nos trata;
        Já o piloto esperto,
        Inda debaixo, manda
        Soltar mezena e gata.

*

Eu vou entrando na espaçosa barra,
A grossa artilharia já me atroa;
Já ficam Paço d'Arcos e a Junqueira;
        Já corre pela proa
        Uma amarra ligeira;
        E a nau já fica surta
        Diante da grã-Lisboa.

*

Agora, agora sim, agora espero
Renovar da amizade antigos laços.
Eu vejo ao velho pai, que lentamente
        Arrasta a mim os passos.
        Ah! como vem contente!
        De longe mal me avista,
        Já vem abrindo os braços.

*

Dobro os joelhos, pelos pés o aperto,
E manda que dos pés ao peito passe.
Marília, quanto eu fiz, fazer intenta;
        Antes que os pés lhe abrace,

Nos braços a sustenta;
Dá-lhe de filha o nome,
Beija-lhe a branca face.
*

Vou a descer a escada, oh! céus, acordo!
Conheço não estar no claro Tejo;
Abro os olhos, procuro a minha amada,
E nem sequer a vejo.
Venha a hora afortunada,
Em que não fique em sonhos
Tão ardente desejo!

## IX — A uma despedida[1]

Chegou-se o dia mais triste
Que o dia da morte feia;
Caí do trono, Dirceia,
Do trono dos braços teus.
Ah! não posso, não, não posso
Dizer-te, meu bem, adeus!
*

Ímpio Fado, que não pôde
Os doces laços quebrar-me,
Por vingança quer levar-me
Distante dos olhos teus.
Ah! não posso, não, não posso
Dizer-te, meu bem, adeus!
*

[1] Esta poesia foi feita "a uma despedida". Não pode referir-se ao último adeus do poeta para terras de África. Trata-se de uma viagem incidental, sem dúvida dentro do próprio território de Minas. A prova está na última estrofe, que implica a certeza de voltar dentro de pouco tempo. Há o que quer que seja de artificial e composto na lira. A desgraça inspiraria acentos mais enérgicos.

Parto, enfim e vou sem ver-te,
Que neste fatal instante
Há de ser o teu semblante
Mui funesto aos olhos meus.
Ah! não posso, não, não posso
Dizer-te, meu bem, adeus!
*

E crês, Dirceia, que devem
Ver meus olhos penduradas
Tristes lágrimas salgadas
Correrem dos olhos teus?
Ah! não posso, não, não posso
Dizer-te, meu bem, adeus!
*

De teus olhos engraçados,
Que puderam, piedosos,
De tristes em venturosos
Converter os dias meus?
Ah! não posso, não, não posso
Dizer-te, meu bem, adeus!
*

Desses teus olhos divinos,
Que, ternos e sossegados,
Enchem de flores os prados,
Enchem de luzes os céus?
Ah! não posso, não, não posso
Dizer-te, meu bem, adeus!
*

Desses teus olhos, enfim,
Que domam tigres valentes,
Que nem rígidas serpentes
Resistem aos tiros seus?
Ah! não posso, não, não posso
Dizer-te, meu bem, adeus!
*

Da maneira que seriam
Em não ver-te criminosos,
Enquanto foram ditosos,
Agora seriam réus.
    Ah! não posso, não, não posso
    Dizer-te, meu bem, adeus!

*

Parto, enfim, Dirceia bela,
Rasgando os ares cinzentos;
Virão nas asas dos ventos
Buscar-te os suspiros meus.
    Ah! não posso, não, não posso
    Dizer-te, meu bem, adeus!

*

Talvez, Dirceia adorada,
Que os duros fados me neguem
A glória de que eles cheguem
Aos ternos ouvidos teus.
    Ah! não posso, não, não posso
    Dizer-te, meu bem, adeus!

*

Mas se ditosos chegarem,
Pois os solto a teu respeito,
Dá-lhes abrigo no peito,
Junta-os c'os suspiros teus.
    Ah! não posso, não, não posso
    Dizer-te, meu bem, adeus!

*

E quando tornar a ver-te,
Ajuntando rosto a rosto,
Entre os que dermos de gosto,
Restitui-me então os meus.
    Ah! não posso, não, não posso
    Dizer-te, meu bem, adeus!

## X — Canção[1]

Dês que vi, formosa Elvira,
Os teus divinos cabelos,
Esses vivos olhos belos,
Que inveja dos astros são,
Foi-se, Elvira, foi-se embora
Toda a paz do coração.
E talvez, talvez que Elvira
Nem se lembre de que Alceu,
Se suspira,
Se delira,
É só por motivo seu.

*

Enquanto, Elvira, se oculta
A meu olhos teu semblante,
Um minuto, um breve instante
Parece que fim não tem.
Se alcanço de ver-te a glória,
Então voa o tempo bem.
E talvez, talvez que Elvira
Nem se lembre de que Alceu,
Se suspira,

[1] O nome poético de Alceu poderia fazer crer que esta graciosa canção pertencesse a Cláudio Manuel da Costa ou a Alvarenga Peixoto, aos quais se tem endossado aquele criptônimo. Também se pode admitir que a amizade que unia já os três poetas fizesse que Gonzaga vestisse a pele e tomasse o nome poético de um deles, para cantar uma formosa Elvira. A natureza descritiva do refrão, em desarmonia com o caráter lírico das estrofes, leva a pensar nisso. Aliás, sabemos de positivo que Cláudio (Glauceste), por cortesia com o amigo, galanteava e celebrava a própria Marília (ver liras XXXI e XXXIII – Parte I). Ainda se poderia conjeturar que Alceu fosse um nome poético de Gonzaga anterior ao de Dirceu. Como quer que seja, as relações íntimas dos três, a comunicação das suas poesias, tornam por vezes impossível a discriminação do que pertence a cada um. Havia, sobretudo entre Gonzaga e Cláudio, uma espécie de colaboração permanente, pois este último era o censor qualificado das poesias de Dirceu.

Se delira,
É só por motivo seu.
*
Quando te ris por acaso
Para outro qualquer sujeito,
Estala dentro do peito
De ciúme o coração;
Se me pões os olhos, julgo
Que zombas de mim então.
E talvez, talvez que Elvira
Nem se lembre de que Alceu,
Se suspira,
Se delira,
É só por motivo seu.
*
Quando há brinco[2] na floresta,
E a divina Olaia canta,
O mesmo gado levanta
A cabeça para ouvir.
Só, por mais que Alceu forceje,
Não pode o prazer fingir.
E talvez, talvez que Elvira
Nem se lembre de que Alceu,
Se suspira,
Se delira,
É só por motivo seu.
*
Quando levo à clara fonte
O rebanho do meu gado,
Cai-me da mão o cajado,
E com ela à testa vou:
Fico pasmado, e ignoro
O lugar aonde estou.

[2] "Brinco": "brincadeira", "festa", "folguedo".

E talvez, talvez que Elvira
Nem se lembre de que Alceu,
Se suspira,
Se delira,
É só por motivo seu.
*
Quando eu vou segar o trigo,
(Olha bem como ando cego!)
Numa parte nele pego,
Meto noutra a fouce em vão;
Dos que veem, alguns se riem,
Outros mostram compaixão.
E talvez, talvez que Elvira
Nem se lembre de que Alceu,
Se suspira,
Se delira,
É só por motivo seu.
*
Quando me deito no colmo,
Sempre sonho que te vejo,
Que te falo, e que te beijo
A branca, nevada mão.
Acordo, pastora, e foges:
Eu fico mais triste, então.
E talvez, talvez que Elvira
Nem se lembre de que Alceu,
Se suspira,
Se delira,
É só por motivo seu.
*
Quando alguém meu mal pergunta,
Bem que seja a vez primeira,
Rompo, ainda que não queira,
O segredo, sem saber:
O teu nome, Elvira, digo,
Quando devo o seu dizer.

E talvez, talvez que Elvira
Nem se lembre de que Alceu,
Se suspira,
Se delira,
É só por motivo seu.

*

Fujo ao trato dos pastores,
Para um bosque me retiro;
Com desafogo suspiro,
E chamo por ti, meu bem.
Os vales, que se enternecem,
Chamam-te ao longe também.
E talvez, talvez que Elvira
Nem se lembre de que Alceu,
Se suspira,
Se delira,
É só por motivo seu.

*

Quando escuto o triste mocho
A gemer no seu telhado,
Qualquer mal excogitado
Não me deve[3] algum temor:
Só receio que me agoure
Mau sucesso ao meu amor.
E talvez, talvez que Elvira
Nem se lembre de que Alceu,
Se suspira,
Se delira,
É só por motivo seu.

*

Os pastores que me avistam,
Com o dedo já me apontam,
E à roda do fogo contam

[3] "Inspira", "infunde". Não deixa de ser estranho este significado de "dever".

Da maneira que me veem.
Sou o exemplo dos amantes,
Que esta nossa aldeia tem.
E talvez, talvez que Elvira
Nem se lembre de que Alceu,
Se suspira,
Se delira,
É só por motivo seu.

## XI — Soneto[1]

É gentil, é prendada a minha Alteia;
As graças, a modéstia do seu rosto
Inspiram no meu peito maior gosto
Que ver o próprio trigo quando ondeia.

*

Mas, vendo o lindo gesto de Dirceia,
A nova sujeição me vejo exposto;
Ah! que é mais engraçado, mais composto
Que a pura esfera, de mil astros cheia!

*

Prender as duas com grilhões estreitos
É uma ação, ó deuses, inconstante,
Indigna de sinceros, nobres peitos.

*

Cupido, se tens dó de um triste amante,
Ou forma de Lorino dois sujeitos,
Ou forma desses dois um só semblante.

---

[1] Surge agora na vida do poeta uma Dirceia. Será a futura Marília? Gonzaga via-se preso entre dois amores — Alteia e Dirceia — e sofria as complicações psicológicas dessa estranha situação. O soneto lembra um outro de Alvarenga Peixoto, dirigido a uma Estela e a uma Nise, em que aparece, concebido em termos semelhantes, o dilema do terceto final: "Vem, Cupido, soltar-me destes laços:/ Ou faz de dois semblantes um semblante/ Ou divide o meu peito em dois pedaços" (*Obras Poéticas*, 201-2.).

## XII — Soneto[1]

Num fértil campo do soberbo Douro,
Dormindo sobre a relva, descansava,
Quando vi que a Fortuna me mostrava,
Com alegre semblante o seu tesouro.

*

De uma parte, um montão de prata e ouro
Com pedras de valor o chão curvava;
Aqui um cetro, ali um trono estava,
Pendiam coroas mil de grama e louro.

*

— Acabou-se —diz-me então — a desventura:
De quantos bens te exponho qual te agrada,
Pois benigna os concedo, vai, procura.

*

Escolhi, acordei, e não vi nada:
Comigo assentei logo que a ventura
Nunca chega a passar de ser sonhada.

## XIII — Soneto

Enganei-me, enganei-me — paciência!
Acreditei as vozes, cri, Ormia,
Que a tua singeleza igualaria
À tua mais que angélica aparência.

*

Enganei-me, enganei-me — paciência!
Ao menos conheci que não devia

---

[1] O soneto datará do tempo em que Gonzaga, estudante em Coimbra, dava saltadas de férias a casa de seus irmãos e tios, residentes no Porto. Denuncia no jovem estudante de leis, minguado de bens, uma ambição que a cultura haveria mais tarde de recalcar e até contradizer, mas parece constituir um dos aspectos do seu feitio moral, muito complicado.

Pôr nas mãos de uma externa galhardia
O prazer, o sossego e a inocência.

*

Enganei-me, cruel, com teu semblante,
E nada me admiro de faltares,
Que esse teu sexo nunca foi constante.

*

Mas tu perdeste mais em me enganares:
Que tu não acharás um firme amante,
E eu posso de traidoras ter milhares.

## XIV — Soneto[1]

Ainda que de Laura esteja ausente,
Há de a chama durar no peito amante;
Que existe retratado o seu semblante,
Se não nos olhos meus, na minha mente.

*

Mil vezes finjo vê-la e eternamente
Abraço a sombra vã; só nesse instante
Conheço que ela está de mim distante,
Que tudo é ilusão que esta alma sente.

*

Talvez que ao bem de a ver amor resista;
Por que minha paixão, que aos céus é grata,
Por inocente assim melhor persista;

*

[1] Antes de conhecer e amar Marília, Gonzaga conheceu outras mulheres com amor menos platônico. Um desses amores carnais perdurou até tarde: foi o de Laura, que chegou a provocar os ciúmes de Marília. Dessas relações ou doutras parece ter resultado pelo menos um filho natural, Antônio Silvério da Silva Musa. A genealogia da família pode ver-se em Alberto Faria, *Aérides*, 249-55.

Pois quando só na ideia ma retrata,
Debuxa os dotes com que prende, vista,
Esconde as obras com que ofende, ingrata.

## XV — Soneto

Ao templo do Destino fui levado:
Sobre o altar um cofre se firmava,
Em cujo seio cada qual buscava,
Tremendo, anúncio do futuro estado.

*

Tiro um papel e leio — céu sagrado,
Com quanta causa o coração pulsava!
Este duro decreto escrito estava
Com negra tinta pela mão do fado:

*

"Adore Polidoro a bela Ormia,
Sem dela conseguir a recompensa,
Nem quebrar-lhe os grilhões a tirania".

*

Das mãos Amor mo arranca, e sem detença,
Três vezes o levando à boca ímpia,
Jurou cumprir à risca a tal sentença.

## XVI — Soneto[1]

À Ilustríssima e Excelentíssima Senhora
Condessa de Cavaleiros,
D. Maria José de Eça e Bourbon

Ergue-te, ó pedra, e desde a margem fria,
Que os muros banha à lusitana Atenas,

[1] Logo que chegou a Vila Rica, no último quartel de 1782, Gonzaga foi

Mostra-me as desmaiadas açucenas
Do rosto, que me ocupa a fantasia.

*

Deixa que eu beije a mão, que pôde um dia
Ceder de amor às lastimosas cenas;
Que entre as ânsias, dor, a mágoa, as penas,
Renove a saudosa idolatria.

*

Solto do véu mortal, ó feliz astro,
Une ao cadáver a truncada testa,
Levanta o belo colo de alabastro:

*

Uma alma grande junto a ti protesta
Fazer a glória da defunta Castro;
A ilustre neta vês: Maria é esta.

## XVII — Soneto

Quantas vezes Lidora me dizia,
Ao terno peito minha mão levando:

---

admitido à intimidade do governador, D. Rodrigo José Antônio de Meneses. Os seus amigos, Alvarenga Peixoto e Cláudio Manuel da Costa, eram pessoas afetas da família. Para corresponder à deferência que lhe mostravam em palácio, Gonzaga endereçaria a D. Maria José de Eça e Bourbon, esposa do governador, este soneto. Celebrando a amorosa fidelidade da antiga Castro, sua ascendente, o ouvidor lisonjeava delicadamente marido e mulher. Cláudio também lhe dedicou uma écloga, duas odes e um canto épico. Neste último traça a história da sua família, desde Inês de Castro. (Ver *Obras Poéticas*, II, 93-113.) M. Bandeira atribui-o a Cláudio por razões de estilo: o emprego da preposição "desde" com o significado de "ponto de origem" e a imagem das açucenas, que não se encontram em Gonzaga e são, pelo contrário, frequentes em Cláudio. (*Rev. do Brasil*, III – 1940 – p. 2 e 8.)

Em 1941 Sud Mennucci também se pronunciou sobre o soneto, entendendo que, "pelas marcas e pela equipolência, pelo vício do tom gratulatório" lhe parecia muito mais de Cláudio que do ouvidor. (*À margem das "Cartas chilenas"*, 74-5.)

— Conjurem-se em meu mal os astros, quando
Achares no meu peito aleivosia.

*

Então que não chorasse lhe pedia,
Por firme seu amor acreditando.
Ah! que em movendo os olhos, suspirando,
Ao mais acautelado enganaria!

*

Um ano assim viveu. Oh! céus! agora
mostrou que era mulher: a natureza
Só por não se mudar a fez traidora.

*

Não, não darei mais cultos à beleza,
Que, depois de faltar à fé Lidora,
Nem creio que nas deusas há firmeza.

## XVIII — Soneto[1]

Ao Ilustríssimo e Excelentíssimo Senhor Visconde de Barbacena, Francisco Furtado de Mendonça

O númen tutelar da Monarquia,
Que fez do grande Henrique a invicta espada,
Procurou dos destinos a morada,
Por consultar a idade que viria.

*

[1] Este soneto e o que se lhe segue possuem alto valor documental. Neles Gonzaga celebra o nascimento de Francisco Furtado de Mendonça, filho do Visconde de Barbacena. O futuro e distinto militar nasceu em Lisboa a 11 de dezembro de 1780. Gonzaga estava então como juiz de fora em Beja. É possível que fosse visita da casa, em Barbacena e em Lisboa. O certo é que mantinha relações de amizade com essa família, desde 1780, pelo menos. Mais tarde, em Minas Gerais, o seu amigo Visconde de Barbacena havia de ser obrigado a prendê-lo, por dever de ofício, sem rigor desumano, procurando conciliar a severidade da Justiça com os deveres da amizade.

A mil e mil heróis descritos via,
Que exaltam de Furtado a estirpe honrada,
E na série, que adora, dilatada,
O nome de Francisco descobria.

*

Contempla uma por uma as letras d'ouro;
Este penhor, que o tempo não consome,
Promete ao reino seu maior tesouro.

*

Prostra-se o gênio; e sem que a empresa tome
De lhe buscar sequer mais outro agouro,
O sítio beija, e lhe mostra o nome.

## XIX — Soneto

Ao mesmo Excelentíssimo Visconde

Nascer no berço da maior grandeza,
De palmas e de louros rodeado,
Deve-se aos grandes pais, ao tronco honrado,
Que ilustra desde longe a natureza.

*

Se porém muito mais se adora e preza
O dom que o nobre sangue traz herdado,
Pela própria virtude sustentado,
Feliz o objeto da presente empresa.

*

De mil heróis, no Tejo vencedores,[1]
Um ramo nasce, um ramo que a memória
Faz imortal de seus progenitores.

*

[1] Referência a um ilustre avô dos Barbacenas, Afonso Furtado, que se distinguiu em 1384, no combate naval do Tejo contra a armada de Castela.

Eu leio em vaticínio a sua história:
Une Francisco, a par de seus maiores,
Ao herdado esplendor a própria glória.

## XX — Soneto

Mudou-se enfim Lidora, essa Lidora
Por quem mil vezes fé me foi jurada.
Que vos detém, ó céus, que castigada
Ainda não deixais tão vil traidora?

*

Não haja piedade: sinta agora
A dita sem remédio em mal trocada;
Pois, se assim não sucede, fica ousada
Para ser outra vez enganadora.

*

Vingai, ó justos céus... mas ah! que digo?
Que maltrateis Lidora? — o sentimento
Privou-me do discurso; eu me desdigo.

*

Não, não vibreis o raio violento;
Pois sei que a compaixão do seu castigo
Há de aumentar depois o meu tormento.

## XXI — Soneto

Adeus, cabana, adeus; adeus, ó gado;
Albina ingrata, adeus, em paz te deixo;
Adeus, doce rabil; neste alto freixo
Te fica, ao meu destino consagrado.

*

Se te for meu sucesso perguntado,
Não declares, rabil, de quem me queixo;

Não quero que se saiba vive Aleixo
Por causa de uma infame desterrado.

*

Se vires a pastor desconhecido,
Lhe dize então piedoso: Ah! vai-te embora,
Atalha os danos, que outros têm sentido.

*

Habita nesta aldeia uma pastora,
De rosto belo, coração fingido,
Umas vezes cruel, e as mais traidora.

## XXII — Soneto[1]

Com pesadas cadeias maniatado,
Às vozes da razão ensurdecido,
Dos céus, de mim, dos homens esquecido,
Me vi de amor nas trevas sepultado.

*

Ali aliviava o meu cuidado
C'o dar de quando em quando algum gemido.
Ah! tempo! que somente refletido,
Me fazes entre as ditas desgraçado.

*

Assim vivia, quando a falsidade
De Laura me tornou num breve dia
Quanto a razão não pôde em longa idade:

*

Quebrei o vil grilhão que me oprimia!
Oh! feliz de quem goza a liberdade,
Bem que venha por mãos da aleivosia!

---

[1] O soneto constitui a prova de que os amores de Laura duraram longo tempo. Veja-se aquela indicação da "longa idade", do primeiro terceto. Há razões para crer que os grilhões de que fala o poeta não foram de todo partidos nessa ocasião.

## XXIII — Soneto[1]

Obrei quanto o discurso me guiava:
Ouvi aos sábios,[2] quando errar temia;
Aos bons no gabinete o peito abria,[3]
Na rua a todos como iguais tratava.[4]
*
Julgando os crimes, nunca voto dava
Mais duro ou pio do que a lei pedia;[5]
Mas devendo salvar ao justo,[6] ria,
E devendo punir ao réu, chorava.
*
Não foram,[7] Vila Rica, os meus projetos[8]
Meter em férreo cofre cópia d'oiro,
Que farte aos filhos e que passe aos netos;[9]
*

---

[1] Este soneto foi composto pelos meados de 1787, quando Gonzaga soube que estava provido desembargador da Relação da Bahia, por despacho de 28 de novembro de 1786. Ia servir na Bahia seis anos, findos os quais tomaria o lugar de desembargador da Relação do Porto. A poesia foi publicada pela primeira vez na edição Lacerdina de 1811, que a colocou no fim da Parte II. Pela segunda vez foi publicada na edição de 1812 (Parte III). Enfim, há duas redações manuscritas na Biblioteca Nacional de Lisboa (Caixa 80, nº 10), que designamos por B. Nac.[1] e B. Nac.[2]

[2] "Ouvi os sábios", ms. da Censura, R, B. Nac.[1], B. Nac.[2]

[3] "A porta abria", B. Nac.[2], lição que seria preferível, se lêssemos: "do gabinete a porta abria".

[4] "Como iguais honrava", ms. da Censura, R, B. Nac.[1], B. Nac.[2]

[5] Versos 5-6: "nunca aos votos dava / mais duro apoio", B. Nac.[2]; "os votos", L; "voto", R.

[6] "Podendo salvar o justo", ms. da Censura, R, B. Nac.[1]; "devendo salvar ao justo", B. Nac.[2], L.

[7] "Nem foram", ms. da Censura, R.

[8] "Os meus intentos", ms. da Censura, R. Erro manifesto de cópia.

[9] "Que chegue aos filhos e que passe aos netos", ms. da Censura, R, B. Nac.[1]; "que cresça aos filhos e que chegue aos netos", B. Nac.[2]

Outras são as fortunas,[10] que me agoiro:
Ganhei saudades, adquiri afetos,
Vou fazer destes bens melhor tesoiro.

## XXIV — Soneto[1]

Quando o torcido buço derramava
Terror no aspecto ao português sisudo,
Quando, sem pó nem óleo, o pente agudo
Duro, intonso, o cabelo em laço atava.

*

Quando contra os irmãos o braço armava
O forte Nuno, opondo escudo a escudo;
Quando a palavra, que prefere a tudo,
Com a barba arrancada João firmava.

*

Quando a mulher à sombra do marido
Tremer se via; quando a lei prudente
Zelava o sexo do civil ruído;

*

Feliz então, então só inocente
Era de Luso o reino. Oh! bem perdido!
Ditosa condição, ditosa gente!

---

[10] "Outras são as venturas", ms. da Censura, R; "São outras as venturas", B. Nac.[1]

[1] Curioso soneto, em que o lírico magistrado faz o retrato do português antigo. Era assim Gonzaga: aquela delicadeza, um pouco feminina, que se manifesta nas liras, recobria um fundo de durezas e austeridades, que a própria profissão acentuava. Não podemos deixar de sorrir, ao pensarmos que o antifeminista de tal soneto iria mais tarde enlanguecer de amor pela formosa Marília de Vila Rica.

## XXV — Soneto[1]

Sombras ilustres dos varões famosos,
Que à Grécia e Roma destes leis um dia,
Vós, que do Elíseo na região sombria
Respirais entre os zéfiros mimosos;

*

Grande Licurgo, ó tu, Sólon, que honrosos
Louros cingis, que egrégia companhia
Fazeis aos Mazarinos, eu queria
Adorar vossos vultos majestosos.

*

Vós fizestes da vossa pátria a glória;
Por vós hoje é feliz a humanidade:
Que dignos sois de uma imortal história!

*

Cesse, cesse porém vossa vaidade;
Que basta a escurecer vossa memória
Um Carvalho, que adora a nossa idade.

## XXVI — Ode[1a]

Já vou tocando, ó Lício,
De lustros dez o fatigado termo;

---

[1] Este soneto aparece nas coleções com a rubrica: "Ao Ilustríssimo e Excelentíssimo Senhor Marquês de Pombal, reformando a Universidade de Coimbra". Tem sido também atribuído a Cláudio Manuel da Costa, admirador notório do Marquês. João Ribeiro incluiu-o na edição das Poesias Completas de Cláudio (tomo II, 142). Não temos razões definitivas para o denegar a Gonzaga; por isso o incluímos aqui, em dúvida sobre a sua autoria. É sabido que o nosso poeta aspirou a uma cátedra da Universidade de Coimbra e para isso compôs o *Tratado de direito natural*, que dedicou ao poderoso ministro de D. José.

[1a] Esta ode apareceu pela primeira vez na Parte III de 1812. É uma imitação poética do conhecido escrito moral de *Cícero, O sonho de Cipião*. Sente-se nela uma elevação e serenidade que não desdizem do melhor de Gonzaga.

E já meu corpo enfermo
Se avizinha da morte ao duro ofício:
Que cedo o meu destino me promete
Calcar as sombras do medonho Lete!
*
Eu descerei contente
A ver os manes dos avós amados;
Que bem-aventurados,
Se outro mundo trataram, se outra gente!
Não viram eles, como eu, triste, vejo
O velho mundo piorar sem pejo.
*
Passaram da inocência,
Pela cândida estrada os pés levando;
Inda a fera violência
Não corrompia da justiça o mando;
Praticava-se a próvida igualdade
Entre a santa virtude e a vil maldade.
*

---

Se o poema verdadeiramente lhe pertence, tê-lo-ia composto entre 1793 e 1794, já em África, numa crise moral e física em que rememorava a traição dos amigos que o tinham perdido e se aprestava para a viagem do outro mundo. Foi dessa doença que o acometeu em terras de África que resultou, segundo parece, o seu casamento com Juliana de Sousa Mascarenhas, sua dedicada enfermeira. Ignora-se quem seja aquele Lício; mas era homem culto e douto em poesia, talvez algum religioso de Moçambique, com quem Gonzaga tivesse travado relações.

Seu pai, que ainda em 1792 se encontrava vivo, com a idade, segundo o mais provável, de 82 anos, teria falecido pouco depois, conforme se conclui do verso 84. Aliás, a idade do Dr. João Bernardo Gonzaga não resulta clara dos documentos. Domingos do Loreto Couto assina uma data precisa para o seu nascimento, 20 de agosto de 1710; no Decretamento de Serviços da Torre do Tombo ora se dá como tendo nascido em 1719 (maço 204 - nº 14), ora em 1722 (maço 206-nº 2). Estas últimas datas estão manifestamente erradas, porquanto, tendo nascido em 1719 ou 1722, não poderia ter tido a sua primeira filha, Francisca, em 29 de janeiro de 1733. Vale pois a data fornecida por Loreto Couto.

A pura fé do amigo
Renovava de Orestes a memória:
Comum era o perigo,
Recíproca também a pena, a glória;
Que traições e que enganos têm disposto
Em nossos dias um fingido rosto!

*

Tudo se vê mudado
Nesta idade fatal, em que de ferro
O ídolo adorado
Torpemente protege o crime, o erro:
Como de susto e de vergonha cheia
Se retira de nós a bela Astreia!

*

Ah! e quem de teus laços
Deve ao peso gemer, ó mundo cego?
Rotos em mil pedaços
Os teus grilhões a pendurar já chego;
Não mais os teus encantos me deleitem,
Estes míseros restos se aproveitem.

*

Que diferentes climas
Já me finjo habitar! Os brandos ares,
Que tu, Zéfiro, animas,
Que prazeres me inspiram! Dos pesares,
Das mágoas, do desgosto e do tormento
Aqui não soa o trágico lamento.

*

Solto do mortal manto,
Cuido que o centro dos Elíseos piso!
Oh! quanto é bela, quanto
A margem deste lago! Em fresco riso
Lírios e rosas, quais não colhe Flora,
Aqui saúdam a perpétua Aurora.

*

Adorável ciência,
Que encheste as noites e esgotaste os dias
Da humana inteligência,
Agora sei quão longe te desvias!
Este o seio da luz, aonde tudo
Sem fadiga se alcança e sem estudo!

*

O número, a distância
Dos orbes celestiais, já sábio, admiro:
Noto a eterna constância
Da Terra, que regula a vária face
Do planeta da luz; observo o giro
Com que a próxima lua ou morre ou nasce.

*

Certa e firme a carreira
Já marco de Saturno, Marte ou Jove,
Da esfera derradeira
Contemplo a força, que os mais orbes move;
A harmonia me encanta, acorde e rara,
Que de Samos o sábio já notara.

*

Aqui se patenteia
Dos errados sistemas o conceito;
E longe a minha ideia
De vacilar, já firma o mais perfeito.
Quem senão tu, ó gênio sobre-humano,
Libertar me pudera deste engano!

*

De Massinissa o paço
De Cartago ao herói tal cena pinta;
Ao soberbo ameaço
Da fortuna, ele vê clara e distinta,
Qual o meu gênio me retrata agora,
A bela pátria, onde o descanso mora.

*

É este, ó Lício, é este,
Sem dúvida, o país belo e sereno,
Aonde a paz celeste
Não respira da inveja o atroz veneno,
E aonde, livres da infeliz mudança,
Descansa o teu e o meu bom pai descansa.

*

Que doce companhia
Deveremos fazer-lhes! Ah! se apresse
O momento que um dia
Tão gostosa união nos lavra e tece!
Cheguemos a beijar as mãos sagradas,
Que enchem de glória as imortais moradas.

*

Em práticas suaves
Ali as breves horas gastaremos;
Nem já nos serão graves
Na lembrança os trabalhos que aqui temos;
Nem de pesada humanidade nossa
Pena haverá, que atormentar-nos possa.

*

Mas tu, que dos humanos
Reges, ó grande Deus, a dúbia sorte;
Tu, que a meta dos anos
Firmas, descendo de teu mando a morte,
Dilata os dias do meu Lício, enquanto
Douto me instrui e me entretém seu canto.

## XXVII[1]

### Congratulação com o povo português na feliz aclamação da muito alta e muito poderosa soberana D. Maria I, nossa senhora

*Saepta armis solioque alte subnixa, resedit.*
*Jura dabat legesque viris...*
Eneida, Livro I

Não são, Lusos, não são as falsas glórias
Nascidas dos acasos das vitórias
Que fazem os impérios florescentes;
Os sucessos de Marte, contingentes,
Nos deixam igualmente destruídos
Os povos vencedores e os vencidos;
As formosas campinas assoladas
Por ferozes ginetes, semeadas
De corpos e medonhos instrumentos;
Exaustos os tesouros opulentos,
Desertas as aldeias e as cidades;

---

[1] Em 1777 dá-se a "viradeira". A aclamação de D. Maria punha ponto-final à ditadura do Marquês, e os inimigos da obra pombalina estavam agora no galarim. Os antigos bajuladores do férreo ministro faziam gala em mostrar à soberana a sua fidelidade, por meio de uma aluvião de versos insulsíssimos que então se publicaram. O poemeto de Gonzaga ainda é das melhores coisas que se escreveram em honra da rainha. Resta saber se a evolução política de Gonzaga foi sincera. Parece-nos que sim. O admirador de Grócio, Heinécio e Pufendórfio exaltara, é certo, a obra do cesarismo no *Direito natural*; mas na leitura dos naturalistas bebera as ideias do enciclopedismo, em matéria de liberdade civil, e um realismo antimilitarista, que é das feições peculiares da sua obra e já se revela aqui com suficiente clareza. A sua vocação jurídica, que herdara do pai e do avô, opunha-o interiormente às violências e arbitrariedades cometidas contra o princípio do direito. Essa opinião transparece no poemeto, na defesa que faz da magistratura perseguida durante a ditadura pombalina.

Infames, atrevidas liberdades,
Estupros, roubos, opressões, delitos,
São certas consequência dos conflitos.

*

Celebrem pois embora os vãos romanos,
Esquecidos enfim dos próprios danos,
A dura sujeição, o triste estrago
Da ilustre Grécia, da infeliz Cartago.
Vitórias e conquistas dilatadas,
Em funestas campanhas alcançadas,
Merecem, sim, ó Lusos, justo apreço,
Mas são compradas por mui grande preço.

*

Um rei sábio, um rei justo, um rei prudente,
Que com mão desvelada e providente
A seus fiéis vassalos assegura
O sossego, as riquezas e a fartura;
Que, sustendo o equilíbrio da balança,
Que Astreia lhe confia, reto alcança,
Com prêmios e castigos regulados,
Animar justos, enfrear culpados;
Que o zelo da virtude lhes fomenta;
Que os faustos e grandezas não sustenta[2]
Em suores e lágrimas sentidas;
Que pesa quanto valem suas vidas —
É este o bem, ó Lusos, verdadeiro,
Que venturoso faz um povo inteiro.
Por isso, quando os deuses rigorosos
Querem punir delitos horrorosos,
Aos duros povos, da piedade indinos,
Dão tiranos e tiram Micerinos.

*

[2] Veja-se, um pouco dissimulada ainda, a ideia democrática de um caminhar para a igualdade de cidadãos.

Não celebremos pois, ó Lusitanos,
Alheios infortúnios, próprios danos
Debaixo de aparências de ventura.
Nós temos uma dita mais segura:
Uma heroína sábia, pia e justa
Com régia c'roa cinge a frente augusta.
Veremos outra vez com mais verdade
No mundo florescer aquela idade,
Que d'ouro apelidaram; nem teremos
— a ser ainda certo quanto lemos —
Invejas dos ditosos, breves anos,
Em que viveram Titos e Trajanos.

*

Eu não consulto, não, com falsos ritos,
Nem os voos das aves, nem os gritos;
Não noto se os cordeiros imolados
Expiraram nos altares sossegados;
Se têm o coração ileso e puro,
E as chamas ardem claras não procuro;
Não indago também se o fumo leve,
Sem ter estranho cheiro enfim se atreve
Sereno encaminhar-se aos céus propícios:
Mais nobres são, ó Lusos, meus auspícios.

*

Nós inda não tivemos um só Nero,
Um monstro desumano, injusto e fero,
Que em sua própria corte (ação indina!)
Dos troianos visse a fatal ruína;
Nem houve um só Mezêncio, que mandasse
Que ao morto o vivo corpo se ligasse.
Se entre nós se guardasse aquele rito,
Que longos anos se guardou no Egito,
Dos mortos se julgarem, sem respeito
À régia dignidade do sujeito,
Não, não teria, Portugal, a pena
De veres a funesta, indigna cena

De ser negada por sentença dura
Às cinzas de um monarca sepultura.

*

Os reis que sempre em Lísia governaram,
Como país dos seus povos se portaram.
Aquele forte impulso, que mil vezes
Pôde mover os peitos portugueses
A verter tanto sangue em justo abono
Do augusto cetro, do sublime trono,
Foi, Lusos, um efeito puro e reto
Do nosso filial, ardente afeto.
As águias geraram águias generosas,
Não feras nem serpentes horrorosas.

*

Não será, Lusos, não, a vez primeira
— Se a história nós julgarmos verdadeira —
Que venere o mundo com maior respeito
Virtude heroica no femíneo peito:
Tu, Erifile, de valor armada,
Cingiste, qual varão, cortante espada!
Tu, Débora, também com mão potente
Fizeste a glória da escolhida gente!
Outra Maria honrou a nossa idade:
Mais prova não carece tal verdade.

*

Nem firmo as esperanças tão somente
Em ser de tais monarcas descendente;
Desta clara heroína os próprios feitos
São, Lusos, argumentos mais perfeitos.
Eu vejo que, movida da clemência,
Tomando o justo amparo da inocência,
Com suas mãos formosas, mas potentes,
Desfez masmorras e quebrou correntes.
Eu vejo que, atendendo aos justos brados
De ilustres, abatidos magistrados,
Outra vez os levanta à honra antiga,

Da qual os despojou a infame intriga.
Eu vejo que, depois de perdoados
Infames crimes, torpes atentados,
Nem quer deixar dos réus a fama lesa.
Oh! quanto, Lusos, a virtude preza!
Eu vejo que, exercendo com prudência
À maneira dos deuses a clemência,
Sem ludibrio contudo da Justiça,
Aterra o monstro infame da cobiça.
Ah, tais feitos não são, não são auspícios:
São mais certezas do que são indícios.

*

Esses famosos reis, cuja memória
Cobrindo os homens de uma justa glória
Inda hoje faz correr saudoso pranto,
Em breves dias não fizeram tanto.
Mas ah! que muitos, ó Lusos venturosos,
Vejamos tantos feitos gloriosos!
Virtudes santas do alto céu baixaram
No berço, que de rosas lhe adornaram:
Umas os ternos membros lhe cobriram,
As outras desveladas a nutriram,
Recebendo-a nos braços seus, perfeitos,
A puro leite de seus castos peitos.

*

De tão sublime, tão geral ventura
Outra infalível prova nos segura
Aquela mais que todas feliz sorte
De ter esta heroína um tal consorte.
Os deuses, que adorná-la procuraram,
Já para seu esposo lhe criaram
Este príncipe ilustre, esta alma bela,
Em tudo, Lusos, semelhante a dela.
Aqueles mesmos deuses que o formaram,
De o verem tão perfeito se pasmaram.
Oh! Príncipe feliz, Monarca egrégio,

Que tendo, como tem, o sangue régio
Nos olhos dos mortais tão grande apreço,
É o bem que inda tens de menos preço!
Esposo de tais dotes adornado,
Que só põe na virtude o seu cuidado,
Ou falam contra nós princípios certos,
Ou não pode influir senão acertos.

*

A serem os impérios alcançados
Por sólidas virtudes, não herdados,
Vós, monarcas em tudo gloriosos,
Seríeis na verdade os mais ditosos.
Não governaríeis só a lusa gente,
Fechada num tão breve continente:
A ser pesado mando, a vós jucundo,
Teríeis por império o vasto mundo.
Longe, longe, ó Lusos, do meu peito
Do vício da lisonja o vil defeito!
Longe, longe de mim! A Majestade,
Não se honra do ludíbrio da verdade.

*

À vista destes fatos que proponho,
Não é sem fundamento que suponho
Que em tudo feliz seja um tal reinado,
Apesar, Lusos, apesar do fado.
Desde hoje as nossas frotas e as armadas,
Cortando as crespas ondas afastadas,
Cobrirão longas praias com os frutos,
Tirados por comércios e tributos.
Os nossos justiceiros magistrados,
Movidos por exemplos tão sagrados,
Já sem perigo,[3] sem temor, sem susto,

[3] "Pirigo", no ms. da Biblioteca da Universidade de Coimbra, forma curiosa que pode ser devida à influência da pronúncia brasileira.

Não hão de consentir que braço injusto
Estrague o equilíbrio do direito
Com falso, aéreo peso do respeito.[4]
Os nossos militares, sempre ousados,
Da honra e da virtude estimulados,
Vivas torres serão, serão muralhas,
Ainda sem vestires grossas malhas,
Batidas, já não digo por Vulcano,
Mas nem por forte mão de destro humano.
De tudo quanto espero, nada é novo:
Quando o monarca é bom, é bom seu povo.

*

Ergamos, pois, ó Lusos venturosos,
Aos deuses mil altares respeitosos,
Os quais banhemos repetidas vezes
Com quente sangue de enfeitadas reses.
Ao céu benigno ingrato não sejamos;
E bem que o vil humano nunca possa
Dar-lhe digno louvor, sequer façamos
O pouco que permite a esfera nossa.

---

[4] Alusão clara à coação dos magistrados durante o período pombalino. Um governo de força pessoal, de intimidação, "estraga sempre o equilíbrio do direito". Foi esse princípio, agora plenamente reconhecido, que obstaria à publicação do *Direito natural*, tratado que, em mais de um ponto, contradizia as novas opiniões do seu autor.

# TEXTO COMPLEMENTAR

# Documentos de época

## Carta de Gonzaga a Tomás Correia Porto[1]

Sr. Tomás Correia Porto

Meu especial amigo, já lhe tenho escrito várias cartas; e agora faço estas regras para ver se se acha algum navio pelo Cabo, ou se o navio, em que vão outras, arriba a algum porto da contracosta, de donde fique mais breve a condução. Eu cheguei bom no último de julho, e estou hóspede do Ouvidor e estimado muito de todos. A terra não é má, tem belos frutos, e tem seu peixe, e com isto se supre a falta da carne, que cá não se vende. Os ares não são tão maus como se pintam. Talvez que essa cidade seja muito pior. Eu espero fazer conveniência pelas letras e pelo negócio, que é geral. Darei parte do que for sucedendo e, entretanto, que não voa este tempo, suspirarei pelo ver, e por ocasiões de lhe mostrar, que é.

Moçambique, 25 de agosto de 1792.

De V.M.
Amigo muito fiel, e seu muito obrigado
Tomás Antônio Gonzaga

---

[1] *In*: *Tratado de direito natural* (Obras completas de Tomás Antônio Gonzaga, v. 2), Ed. Crítica de M. Rodrigues Lapa, Rio de Janeiro, Instituto Nacional do Livro, 1957, p. 344.

## Provimento do lugar de juiz da Alfândega, por morte de Gonzaga[2]

Passe alvará a Antônio de Cruz e Almeida para servir o ofício de Juiz d'Alfândega desta Capitania, interinamente por tempo de seis meses, vago por falecimento de Tomás Antônio Gonzaga.

Palácio de S. Paulo de Moçambique,
19 de fevereiro de 1810.

[Assinatura ilegível]

❖

[2] Op. cit., p. 346.

GUIA DE LEITURA

# *Marília de Dirceu**

## *Tomás Antônio Gonzaga*

TEXTO INTEGRAL

**1.** Extraia do texto algumas passagens em que o eu lírico expõe elementos da cultura greco-romana e os conceitos de *carpe diem* (aproveite o momento) e *aurea mediocritas* (vida mediana em relação aos bens materiais, mas rica em sabedoria e realizações espirituais).

**2.** O Arcadismo, surgido num contexto de grandes mudanças sociopolíticas, repudiou o Barroco e buscou retomar aspectos da estética classicista.

a) Pode-se dizer que os contextos social, cultural e político em que se deu o surgimento do Classicismo e do Arcadismo possuem aspectos semelhantes? Por quê?

b) Pesquise e aponte as semelhanças e as diferenças entre as estéticas desses dois movimentos literários.

**3.** Utilizando-se de qual tipo de texto (narrativo, dissertativo e descritivo) Tomás Antônio Gonzaga compôs a primeira parte de *Marília de Dirceu*? Justifique sua resposta retirando do texto elementos que caracterizem o tipo de texto utilizado.

---

* Para que o professor possa trabalhar o Guia de Leitura com os alunos em sala de aula, não publicamos, aqui, o gabarito das questões. No entanto, o professor pode obtê-lo entrando em contato conosco pelo telefone: (11) 3672 8144. Disponibilizamos o gabarito apenas para professores.

**4.** Sabe-se que Tomás Antônio Gonzaga e Cláudio Manuel da Costa, dois dos mais importantes poetas árcades, participaram da Inconfidência Mineira, ocorrida em 1789. Dessa forma, comente o sentido que há no trecho da Lira XXXVIII, do Livro III, escrito por Gonzaga enquanto ele estava na prisão.

"Ama a gente assisada
A honra, a vida, o cabedal tão pouco?
Que ponha uma ação destas
Nas mãos dum pobre sem respeito e louco [alusão a Tiradentes]?
(...)
E que tinha que ofertar-me
Um pequeno abatido e novo Estado [República],
Com as armas de fora,
Com as suas próprias armas consternado?
Achas também que sou tão pouco esperto,
Que um bem tão contingente,
Me obrigasse a perder um bem já certo?"

**5.** Dividindo o livro *Marília de Dirceu* em duas partes, uma correspondente à primeira e outra à segunda e à terceira parte, percebe-se certa mudança no tom do eu lírico na composição das liras. De que maneira se distinguem os tons de cada uma das partes? Por quê?

❖

## Questões de vestibular

**1.** (Fuvest)

"Por fim, acentua o polimorfismo cultural dessa época o fato de se desenrolarem acontecimentos historicamente relevantes, como a Inconfidência Mineira e a transladação da corte de D. João VI para o Rio de Janeiro."

(Massaud Moisés)

A época histórica a que se refere o crítico é a do:

a) Simbolismo.
b) Arcadismo.
c) Parnasianismo.
d) Realismo.
e) Romantismo.

**2.** (Fatec) Sobre o Arcadismo brasileiro só *não* se pode afirmar que:

a) tem suas fontes nos antigos grandes autores gregos e latinos, dos quais imita os motivos e as formas.

b) teve em Cláudio Manuel da Costa o representante que, de forma original, recusou a motivação bucólica e os modelos camonianos da lírica amorosa.

c) legou-nos os poemas de feição épica *Caramuru* (de Frei José de Santa Rita Durão) e *O Uraguai* (de Basílio da Gama), no qual se reconhece a qualidade literária destacada em relação ao primeiro.

d) norteou, em termos dos valores éticos básicos, a produção dos versos de *Marília de Dirceu*, obra que celebrizou Tomás Antônio

Gonzaga e que destaca a originalidade de estilo e de tratamento local dos temas pelo autor.

**3.** (Vunesp) Há no Arcadismo brasileiro uma obra satírica de forma epistolar que suscitou dúvidas de autoria durante mais de século. Assinale abaixo a alternativa que apresenta o nome dessa obra e seu autor mais provável:

a) *O reino da estupidez* e Francisco de Melo Franco.
b) *Viola de Lereno* e Domingos Caldas Barbosa.
c) *O desertor* e Manuel Inácio da Silva Alvarenga.
d) *Cartas chilenas* e Tomás Antônio Gonzaga.
e) *Os Bruzundangas* e Lima Barreto.

**4.** (Fuvest) Assinale a alternativa que apresenta dois poetas que participaram da Inconfidência Mineira:

a) Cláudio Manoel da Costa e Tomás Antônio Gonzaga.
b) Castro Alves e Tomás Antônio Gonzaga.
c) Gonçalves Dias e Cláudio Manuel da Costa.
d) Gonçalves Dias e Gonçalves de Magalhães.
e) Gonçalves de Magalhães e Castro Alves.

**5.** (PUC) Pode-se afirmar que *Marília de Dirceu* e *Cartas chilenas* são, respectivamente:

a) altas expressões do lirismo amoroso e da sátira política, na literatura do século XVIII.

b) exemplos da poesia biográfica e da literatura epistolar cultivadas no século XVII.

c) exemplo do lirismo amoroso e da poesia de combate, cultivados sobretudo pelos poetas românticos da chamada "terceira geração".

d) altas expressões do lirismo e da sátira da nossa poesia barroca.

e) expressões menores da prosa e da poesia do nosso Arcadismo, cultivadas no interior das academias.

**6.** (UFPA) A pastora Marília, conforme nos é apresentada nas liras de Tomás Antônio Gonzaga, carece de unidade de enfoques; por isso, é muito difícil precisar, por exemplo, seu tipo físico. Esta impressão da pastora:

a) é suficiente para seu autor ser apontado como pré-romântico.

b) é fundamental para situar o leitor dentro do drama amoroso do auto.

c) reflete o caráter genérico e impessoal que a poesia neoclássica deveria assumir.

d) é responsável pela atmosfera de mistério, essencial para a poesia neoclássica.

e) mostra a intenção do autor em não revelar o objeto do seu amor.

❖

## Gabarito

1. b
2. b
3. d
4. a
5. a
6. c

# Relação dos Volumes Publicados

99. **Édipo Rei/Antígona**
*Sófocles*

100. **Lucíola**
*José de Alencar*

101. **As Aventuras de Sherlock Holmes**
*Sir Arthur Conan Doyle*

102. **Bom-Crioulo**
*Adolfo Caminha*

103. **Helena**
*Machado de Assis*

104. **Poemas Satíricos**
*Gregório de Matos*

105. **Escritos Políticos / A Arte da Guerra**
*Maquiavel*

106. **Ubirajara**
*José de Alencar*

107. **Diva**
*José de Alencar*

108. **Eurico, o Presbítero**
*Alexandre Herculano*

109. **Os Melhores Contos**
*Lima Barreto*

110. **A Luneta Mágica**
*Joaquim Manuel de Macedo*

111. **Fundamentação da Metafísica dos Costumes e Outros Escritos**
*Immanuel Kant*

112. **O Príncipe e o Mendigo**
*Mark Twain*

113. **O Domínio de Si Mesmo pela Auto-Sugestão Consciente**
*Émile Coué*

114. **O Mulato**
*Aluísio Azevedo*

115. **Sonetos**
*Florbela Espanca*

116. **Uma Estadia no Inferno / Poemas / Carta do Vidente**
*Arthur Rimbaud*

117. **Várias Histórias**
*Machado de Assis*

118. **Fédon**
*Platão*

119. **Poesias**
*Olavo Bilac*

120. **A Conduta para a Vida**
*Ralph Waldo Emerson*

121. **O Livro Vermelho**
*Mao Tsé-Tung*

122. **Oração aos Moços**
*Rui Barbosa*

123. **Otelo, o Mouro de Veneza**
*William Shakespeare*

124. **Ensaios**
*Ralph Waldo Emerson*

125. **De Profundis / Balada do Cárcere de Reading**
*Oscar Wilde*

126. **Crítica da Razão Prática**
*Immanuel Kant*

127. **A Arte de Amar**
*Ovídio Naso*

128. **O Tartufo ou O Impostor**
*Molière*

129. **Metamorfoses**
*Ovídio Naso*

130. **A Gaia Ciência**
*Friedrich Nietzsche*

131. **O Doente Imaginário**
*Molière*

132. **Uma Lágrima de Mulher**
*Aluísio Azevedo*

133. **O Último Adeus de Sherlock Holmes**
*Sir Arthur Conan Doyle*

134. **Canudos - Diário de uma Expedição**
*Euclides da Cunha*

135. **A Doutrina de Buda**
*Siddharta Gautama*

136. **Tao Te Ching**
*Lao-Tsé*

137. **Da Monarquia / Vida Nova**
*Dante Alighieri*

138. **A Brasileira de Prazins**
*Camilo Castelo Branco*

139. **O Velho da Horta/Quem Tem Farelos?/Auto da Índia**
*Gil Vicente*

140. **O Seminarista**
*Bernardo Guimarães*

141. **O Alienista / Casa Velha**
*Machado de Assis*

142. **Sonetos**
*Manuel du Bocage*

143. **O Mandarim**
*Eça de Queirós*

144. **Noite na Taverna / Macário**
*Álvares de Azevedo*

145. **Viagens na Minha Terra**
*Almeida Garrett*

146. **Sermões Escolhidos**
*Padre Antonio Vieira*

147. **Os Escravos**
*Castro Alves*

148. **O Demônio Familiar**
*José de Alencar*

149. **A Mandrágora / Belfagor, o Arquidiabo**
*Maquiavel*

150. **O Homem**
*Aluísio Azevedo*

151. **Arte Poética**
*Aristóteles*

152. **A Megera Domada**
*William Shakespeare*

153. **Alceste/Electra/Hipólito**
*Eurípedes*

154. **O Sermão da Montanha**
*Huberto Rohden*

155. **O Cabeleira**
*Franklin Távora*

156. **Rubáiyát**
*Omar Khayyám*

157. **Luzia-Homem**
*Domingos Olímpio*

158. **A Cidade e as Serras**
*Eça de Queirós*

159. **A Retirada da Laguna**
*Visconde de Taunay*

160. **A Viagem ao Centro da Terra**
*Júlio Verne*

161. **Caramuru**
*Frei Santa Rita Durão*

162. **Clara dos Anjos**
*Lima Barreto*

163. **Memorial de Aires**
*Machado de Assis*

164. **Bhagavad Gita**
*Krishna*

165. **O Profeta**
*Khalil Gibran*

166. **Aforismos**
*Hipócrates*

167. **Kama Sutra**
*Vatsyayana*

168. **Histórias de Mowgli**
*Rudyard Kipling*

169. **De Alma para Alma**
*Huberto Rohden*

170. **Orações**
*Cícero*

171. **Sabedoria das Parábolas**
*Huberto Rohden*

172. **Salomé**
*Oscar Wilde*

173. **Do Cidadão**
*Thomas Hobbes*

174. **Porque Sofremos**
*Huberto Rohden*

175. **Einstein: o Enigma do Universo**
*Huberto Rohden*

176. **A Mensagem Viva do Cristo**
*Huberto Rohden*

177. **Mahatma Gandhi**
*Huberto Rohden*

178. **A Cidade do Sol**
*Tommaso Campanella*

179. **Setas para o Infinito**
*Huberto Rohden*

180. **A Voz do Silêncio**
*Helena Blavatsky*

181. **Frei Luís de Sousa**
*Almeida Garrett*

182. **Fábulas**
*Esopo*

183. **Cântico de Natal/ Os Carrilhões**
*Charles Dickens*

184. **Contos**
*Eça de Queirós*

185. **O Pai Goriot**
*Honoré de Balzac*

186. **Noites Brancas e Outras Histórias**
*Dostoiévski*

187. **Minha Formação**
*Joaquim Nabuco*

188. **Pragmatismo**
*William James*

189. **Discursos Forenses**
*Enrico Ferri*

190. **Medeia**
*Eurípedes*

191. **Discursos de Acusação**
*Enrico Ferri*

192. **A Ideologia Alemã**
*Marx & Engels*

193. **Prometeu Acorrentado**
*Ésquilo*

194. **Iaiá Garcia**
*Machado de Assis*

195. **Discursos no Instituto dos Advogados Brasileiros / Discurso no Colégio Anchieta**
*Rui Barbosa*

196. **Édipo em Colono**
*Sófocles*

197. **A Arte de Curar pelo Espírito**
*Joel S. Goldsmith*

198. **Jesus, o Filho do Homem**
*Khalil Gibran*

199. **Discurso sobre a Origem e os Fundamentos da Desigualdade entre os Homens**
*Jean-Jacques Rousseau*

200. **Fábulas**
*La Fontaine*

201. **O Sonho de uma Noite de Verão**
*William Shakespeare*

**202. Maquiavel, o Poder**
*José Nivaldo Junior*

**203. Ressurreição**
*Machado de Assis*

**204. O Caminho da Felicidade**
*Huberto Rohden*

**205. A Velhice do Padre Eterno**
*Guerra Junqueiro*

**206. O Sertanejo**
*José de Alencar*

**207. Gitanjali**
*Rabindranath Tagore*

**208. Senso Comum**
*Thomas Paine*

**209. Canaã**
*Graça Aranha*

**210. O Caminho Infinito**
*Joel S. Goldsmith*

**211. Pensamentos**
*Epicuro*

**212. A Letra Escarlate**
*Nathaniel Hawthorne*

**213. Autobiografia**
*Benjamin Franklin*

**214. Memórias de Sherlock Holmes**
*Sir Arthur Conan Doyle*

**215. O Dever do Advogado / Posse de Direitos Pessoais**
*Rui Barbosa*

**216. O Tronco do Ipê**
*José de Alencar*

**217. O Amante de Lady Chatterley**
*D. H. Lawrence*

**218. Contos Amazônicos**
*Inglês de Souza*

**219. A Tempestade**
*William Shakespeare*

**220. Ondas**
*Euclides da Cunha*

**221. Educação do Homem Integral**
*Huberto Rohden*

**222. Novos Rumos para a Educação**
*Huberto Rohden*

**223. Mulherzinhas**
*Louise May Alcott*

**224. A Mão e a Luva**
*Machado de Assis*

**225. A Morte de Ivan Ilicht / Senhores e Servos**
*Leon Tolstói*

**226. Álcoois e Outros Poemas**
*Apollinaire*

**227. Pais e Filhos**
*Ivan Turguêniev*

**228. Alice no País das Maravilhas**
*Lewis Carroll*

**229. À Margem da História**
*Euclides da Cunha*

**230. Viagem ao Brasil**
*Hans Staden*

**231. O Quinto Evangelho**
*Tomé*

**232. Lorde Jim**
*Joseph Conrad*

**233. Cartas Chilenas**
*Tomás Antônio Gonzaga*

**234. Odes Modernas**
*Anntero de Quental*

**235. Do Cativeiro Babilônico da Igreja**
*Martinho Lutero*

**236. O Coração das Trevas**
*Joseph Conrad*

**237. Thais**
*Anatole France*

**238. Andrômaca / Fedra**
*Racine*

**239. As Catilinárias**
*Cícero*

**240. Recordações da Casa dos Mortos**
*Dostoiévski*

**241. O Mercador de Veneza**
*William Shakespeare*

**242. A Filha do Capitão / A Dama de Espadas**
*Aleksandr Púchkin*

**243. Orgulho e Preconceito**
*Jane Austen*

**244. A Volta do Parafuso**
*Henry James*

**245. O Gaúcho**
*José de Alencar*

**246. Tristão e Isolda**
*Lenda Medieval Celta de Amor*

**247. Poemas Completos de Alberto Caeiro**
*Fernando Pessoa*

**248. Maiakósvski**
*Vida e Poesia*

**249. Sonetos**
*William Shakespeare*

**250. Poesia de Ricardo Reis**
*Fernando Pessoa*

**251. Papéis Avulsos**
*Machado de Assis*

**252. Contos Fluminenses**
*Machado de Assis*

**253. O Bobo**
*Alexandre Herculano*

**254. A Oração da Coroa**
*Demóstenes*

**255. O Castelo**
*Franz Kafka*

**256. O Trovejar do Silêncio**
*Joel S. Goldsmith*

**257. Alice na Casa dos Espelhos**
*Lewis Carrol*

**258. Miséria da Filosofia**
*Karl Marx*

**259. Júlio César**
*William Shakespeare*

**260. Antônio e Cleópatra**
*William Shakespeare*

**261. Filosofia da Arte**
*Huberto Rohden*

**262. A Alma Encantadora das Ruas**
*João do Rio*

**263. A Normalista**
*Adolfo Caminha*

**264. Pollyanna**
*Eleanor H. Porter*

**265. As Pupilas do Senhor Reitor**
*Júlio Diniz*

**266. As Primaveras**
*Casimiro de Abreu*

**267. Fundamentos do Direito**
*Léon Duguit*

**268. Discursos de Metafísica**
*G. W. Leibniz*

**269. Sociologia e Filosofiia**
*Émile Durkheim*

**270. Cancioneiro**
*Fernando Pessoa*

**271. A Dama das Camélias**
*Alexandre Dumas (filho)*

**272. O Divórcio / As Bases da Fé / e outros textos**
*Rui Barbosa*

**273. Pollyanna Moça**
*Eleanor H. Porter*

**274. O 18 Brumário de Luís Bonaparte**
*Karl Marx*

**275. Teatro de Machado de Assis**
*Antologia*

**276. Cartas Persas**
*Montesquieu*

**277. Em Comunhão com Deus**
*Huberto Rohden*

**278. Razão e Sensibilidade**
*Jane Austen*

**279. Crônicas Selecionadas**
*Machado de Assis*

**280. Histórias da Meia-Noite**
*Machado de Assis*

**281. Cyrano de Bergerac**
*Edmond Rostand*

**282. O Maravilhoso Mágico de Oz**
*L. Frank Baum*

**283. Trocando Olhares**
*Florbela Espanca*

**284. O Pensamento Filosófico da Antiguidade**
*Huberto Rohden*

**285. Filosofia Contemporânea**
*Huberto Rohden*

**286. O Espírito da Filosofia Oriental**
*Huberto Rohden*

**287. A Pele do Lobo / O Badejo / o Dote**
*Artur Azevedo*

**288. Os Bruzundangas**
*Lima Barreto*

**289. A Pata da Gazela**
*José de Alencar*

**290. O Vale do Terror**
*Sir Arthur Conan Doyle*

**291. O Signo dos Quatro**
*Sir Arthur Conan Doyle*

**292. As Máscaras do Destino**
*Florbela Espanca*

**293. A Confissão de Lúcio**
*Mário de Sá-Carneiro*

**294. Falenas**
*Machado de Assis*

**295. O Uraguai / A Declamação Trágica**
*Basílio da Gama*

**296. Crisálidas**
*Machado de Assis*

**297. Americanas**
*Machado de Assis*

**298. A Carteira de Meu Tio**
*Joaquim Manuel de Macedo*

**299. Catecismo da Filosofia**
*Huberto Rohden*

**301. Rumo à Consciência Cósmica**
*Huberto Rohden*

**302. Cosmoterapia**
*Huberto Rohden*

**303. Bodas de Sangue**
*Federico García Lorca*

**304. Discurso da Servidão Voluntária**
*Étienne de La Boétie*

305. Categorias
*Aristóteles*

306. Manon Lescaut
*Abade Prévost*

307. Teogonia / Trabalho e Dias
*Hesíodo*

308. As Vítimas-Algozes
*Joaquim Manuel de Macedo*

309. Persuasão
*Jane Austen*

310. Agostinho - *Huberto Rohden*

311. Roteiro Cósmico
*Huberto Rohden*

312. A Queda dum Anjo
*Camilo Castelo Branco*

313. O Cristo Cósmico e os Essênios - *Huberto Rohden*

314. Metafísica do Cristianismo
*Huberto Rohden*

315. Rei Édipo - *Sófocles*

316. Livro dos provérbios
*Salomão*

317. Histórias de Horror
*Howard Phillips Lovecraft*

318. O Ladrão de Casaca
*Maurice Leblanc*

319. Til
*José de Alencar*

**Série Ouro**
(Livros com mais de 400 p.)

1. Leviatã
*Thomas Hobbes*

2. A Cidade Antiga
*Fustel de Coulanges*

3. Crítica da Razão Pura
*Immanuel Kant*

4. Confissões
*Santo Agostinho*

5. Os Sertões
*Euclides da Cunha*

6. Dicionário Filosófico
*Voltaire*

7. A Divina Comédia
*Dante Alighieri*

8. Ética Demonstrada à Maneira dos Geômetras
*Baruch de Spinoza*

9. Do Espírito das Leis
*Montesquieu*

10. O Primo Basílio
*Eça de Queirós*

11. O Crime do Padre Amaro
*Eça de Queirós*

12. Crime e Castigo
*Dostoiévski*

13. Fausto
*Goethe*

14. O Suicídio
*Émile Durkheim*

15. Odisseia
*Homero*

16. Paraíso Perdido
*John Milton*

17. Drácula
*Bram Stoker*

18. Ilíada
*Homero*

19. As Aventuras de Huckleberry Finn
*Mark Twain*

20. Paulo – O 13º Apóstolo
*Ernest Renan*

21. Eneida
*Virgílio*

22. Pensamentos
*Blaise Pascal*

23. A Origem das Espécies
*Charles Darwin*

24. Vida de Jesus
*Ernest Renan*

25. Moby Dick
*Herman Melville*

26. Os Irmãos Karamazovi
*Dostoiévski*

27. O Morro dos Ventos Uivantes
*Emily Brontë*

28. Vinte Mil Léguas Submarinas
*Júlio Verne*

29. Madame Bovary
*Gustave Flaubert*

30. O Vermelho e o Negro
*Stendhal*

31. Os Trabalhadores do Mar
*Victor Hugo*

32. A Vida dos Doze Césares
*Suetônio*

33. O Moço Loiro
*Joaquim Manuel de Macedo*

34. O Idiota
*Dostoiévski*

35. Paulo de Tarso
*Huberto Rohden*

36. O Peregrino
*John Bunyan*

37. As Profecias
*Nostradamus*

38. Novo Testamento
*Huberto Rohden*

39. O Corcunda de Notre Dame
*Victor Hugo*

40. Arte de Furtar
*Anônimo do século XVII*

41. Germinal
*Émile Zola*

42. Folhas de Relva
*Walt Whitman*

43. Ben-Hur — Uma História dos Tempos de Cristo
*Lew Wallace*

44. Os Maias
*Eça de Queirós*

45. O Livro da Mitologia
*Thomas Bulfinch*

46. Os Três Mosqueteiros
*Alexandre Dumas*

47. Poesia de Alvaro de Campos
*Fernando Pessoa*

48. Jesus Nazareno
*Huberto Rohden*

49. Grandes Esperanças
*Charles Dickens*

50. A Educação Sentimental
*Gustave Flaubert*

51. O Conde de Monte Cristo (Volume I)
*Alexandre Dumas*

52. O Conde de Monte Cristo (Volume II)
*Alexandre Dumas*

53. Os Miseráveis (Volume I)
*Victor Hugo*

54. Os Miseráveis (Volume II)
*Victor Hugo*

55. Dom Quixote de La Mancha (Volume I)
*Miguel de Cervantes*

56. Dom Quixote de La Mancha (Volume II)
*Miguel de Cervantes*

57. As Confissões
*Jean-Jacques Rousseau*

58. Contos Escolhidos
*Artur Azevedo*

59. As Aventuras de Robin Hood
*Howard Pyle*

60. Mansfield Park
*Jane Austen*